0.1.2歳児 せいさくあそび 88

0歳からできる季節と行事の製作

「あそびと環境0.1.2歳」編集部・リボングラス／編著

この本は「あそびと環境0.1.2歳」2012年4月号から2014年3月号までの連載に加筆・再構成したものです。

もくじ

ページ				
5	この本の使い方			
6	年齢別せいさくあそび便利メモ	0歳児	●手形をとるときは ●足形をとるときは ●袋にフラワー紙などを詰めるときは ●丸シールを用意するときは ●フェルトペン・クレヨンを用意するときは	
8		1歳児	●足形をとるときは ●丸シールを用意するときは ●でんぷんのりを用意するときは ●ビニールテープを用意するときは ●絵の具を用意するときは ●マスキングテープを用意するときは	
10		2歳児	●はさみを用意するときは ●細かな素材を用意するときは ●パッチン切りの紙を用意するときは	
		覚えておくと便利な準備	●スタンプ台を用意するときは ●目や口などのシールを用意するときは ●大きめの目や口などのシールを用意するときは ●毛糸を用意するときは	

	ページ/タイトル	0歳児	1歳児	2歳児	手形・足形	指はんこ	フラワー紙あそび	スタンプ・たんぽ	シール・テープはり	のりではる	両面テープにはる	クレヨンでかく	フェルトペンでかく	絵の具あそび	詰める	紙を丸める	紙粘土あそび	ひも通し・毛糸巻き	にじみ絵・染め紙	折る	はさみのパッチン切り
4月	12 プープー小鳥	●	●	●	●				●												
	14 花の額絵	●	●	●	●					●											
	15 バードツリー	●	●	●	●								●								
	16 チョウチョウさん	●	●	●	●					●											
	17 ひらひらチョウチョウ		●	●		●			●												
	18 ポリ袋イチゴ		●	●			●										●	●			
	19 テントウムシ		●	●					●	●											
	20 スチロールテントウムシ		●	●										●							
	21 春の花束			●																	●
5月	22 飾りかぶと	●	●	●	●				●												
	24 バッグこいのぼり		●	●					●												
	25 こいのぼりリース		●	●					●				●								
	26 フラッグこいのぼり		●	●					●				●								
	27 カーネーション	●	●				●										●	●			
	28 カーネーションバッグ		●	●			●		●	●											
	29 華やかカーネーション		●	●			●		●								●				
6月	30 くしゃくしゃカタツムリ	●	●	●													●				
	31 カタツムリ		●	●									●							●	
	32 カラフル雨傘	●	●	●			●		●												
	33 ストローレイン			●									●						●		
	34 ぺたぺたアジサイ		●	●				●	●												
	35 カエルさんお面		●	●																	
	36 ぴょんぴょんカエル		●	●									●								

2

月	ページ	タイトル	0歳児	1歳児	2歳児	手形・足形	指はんこ	フラワー紙あそび	スタンプ・たんぽ	シール・テープはり	のりではる	両面テープにはる	クレヨンでかく	フェルトペンでかく	絵の具あそび	詰める	紙を丸める	紙粘土あそび	ひも通し・毛糸巻き	にじみ絵・染め紙	折る	はさみのパッチン切り
7月	38	カラコロペンギン	●	●						●						●						
	39	流れ星短冊	●	●			●				●											
	40	紙皿カメさん	●	●	●				●	●	●											
	41	紙皿アサガオ		●	●						●				●							
	42	華やかアサガオ		●	●	●					●										●	
	44	コーンアイス		●	●						●				●							
	45	打ち上げ花火			●				●													
8月	46	水の中のお魚さん	●	●	●					●												
	48	ペットボトル金魚			●					●												
	49	ゆらゆらカニ	●	●		●					●											
	50	海のお友達			●										●							
	51	大好きスイカ		●	●																●	
	52	紙皿ヒマワリ		●	●					●	●				●							
	53	ぺたぺたヒマワリ			●	●					●											
9月	54	お月見ネコちゃん	●	●			●															
	55	お月見だんご		●	●						●							●				
	56	コスモス畑		●	●				●	●					●							
	57	トンボ眼鏡			●										●							
	58	ぺたぺたブドウ	●	●					●													
	59	大粒ブドウ	●	●							●	●										
	60	ペットボトルブドウ			●						●						●					
	61	粒々ブドウ			●			●										●				
10月	62	紅葉のれん	●	●				●														
	63	カキの紅葉		●	●						●			●							●	
	64	押し葉の額絵			●												●		●			
	65	ふかふかサツマイモ	●	●				●									●	●				
	66	ゾウさんのお散歩バッグ		●	●									●								
	68	ナチュラルマイ弁当			●						●								●			
	69	お弁当列車			●						●				●							●

月	ページ	タイトル	0歳児	1歳児	2歳児	手形・足形	指はんこ	フラワー紙あそび	スタンプ・たんぽ	シール・テープはり	のりではる	両面テープにはる	クレヨンでかく	フェルトペンでかく	絵の具あそび	詰める	紙を丸める	紙粘土あそび	ひも通し・毛糸巻き	にじみ絵・染め紙	折る	はさみのパッチン切り
11月	70	おててミノムシ	●	●	●	●					●											
	71	紙コップミノムシ			●					●	●		●									
	72	スチロールキノコ		●	●					●	●		●									
	73	おしゃれフクロウ			●					●	●		●									
	74	ペットボトルリンゴ	●	●						●						●						
	75	紙カップリンゴ			●								●									
	76	リンゴバッグ		●	●								●					●				
12月	78	シクラメンの鉢植え	●	●	●			●			●	●					●					
	79	ふくらスズメ		●	●						●											
	80	おしゃれなカモ		●	●						●	●	●	●								
	82	牛乳パックリース	●	●	●					●										●		
	83	あったかセーターグマ			●															●		
	84	段ボールツリー		●	●					●	●											
	85	紙コップツリー			●					●	●			●								●
1月	86	ぽつぽつミカン	●	●	●						●											
	87	雪の結晶		●	●				●													
	88	レジ袋雪だるま	●	●	●			●								●						
	90	ほかほか帽子&手袋		●	●				●		●											
	91	あったかセーター			●															●		
	92	シロクマの小物入れ		●														●				
	93	あったかラーメン			●						●		●									
2月	94	にこにこおにさん	●	●		●	●				●											
	95	おにさんマラカス	●	●				●			●							●	●			
	96	おにさん帽子		●	●						●			●								
	98	おにさん色眼鏡		●	●						●		●	●								
	99	おにさんバッグ		●	●						●											
	100	ビオラの花かご		●	●			●			●								●			
	101	ヒヤシンスの鉢植え			●				●													
3月	102	千代紙びな	●	●	●					●	●										●	
	103	マラカスびな	●	●	●					●	●				●							
	104	紙カップびな		●	●						●	●										
	105	牛乳パックのおひなさま			●						●				●	●						
	106	ゆらゆらびな			●						●	●										
	108	すいすいメダカ	●	●				●			●											
	109	ぺたぺた菜の花		●	●						●											
	110	にこにこタンポポ			●																	●

この本の使い方

対象の年齢を示しています。子どもたちとせいさくあそびをする際の目安にしてください。

せいさくあそびに適した月を表示しています。

● せいさくあそびにあたっては、素材の誤飲や、ひもの引っ掛かりなどがないよう、安全に留意して見守りながらあそんでください。

子どもが製作する場合に必要な、子どもに渡す製作材料を示しています。

子どもの作業を含め、保育者が作品を仕上げるときの作り方を紹介しています。参考にしてください。

比較的、やさしいものから順に

- hop … 0〜1歳
- step … 1〜2歳
- jump … 2歳〜

として、製作手順を紹介しています。せいさくあそびでは、慣れ具合、個人差など、子どもによって楽しい活動は違うので、あくまでも参考にとどめ、子どもたちの様子に合わせて選んであそんでください。

年齢別
せいさくあそび便利メモ

　0.1.2歳児のせいさくあそびでは、子どもの発達に配慮した、保育者の準備が大切です。子どもが製作する部分と、保育者が援助する部分のバランスを考え、子どもたちがせいさくあそびを十分に楽しめるよう、各年齢に合わせた準備をしましょう。

　準備ができたら、まずは保育者が子どもたちの前でやって見せましょう。興味を示したら、次は一緒にやってみましょう。興味がないようなら、無理せずにまた今度。繰り返しあそんで、少しずつさまざまな素材にふれる楽しさを経験できるといいですね。

0歳児

手形をとるときは

❶ 1人の保育者が子どもをひざの上に抱いて座り、もう1人の保育者が片手で子どもの手首を持ち、筆でてのひらに絵の具を塗ります。

❷ 手を広げるのが難しい低月齢の子の手形は、ラップのしんなどに画用紙を巻いてセロハンテープで留めた物を用意し、絵の具を塗った手で握らせるようにします。

❸ 握った手を上から押さえて手形をとり、手がすれないように素早く外します。手についた絵の具はぬれタオルでふき取りましょう。

足形をとるときは

① 1人の保育者が子どもをひざの上に抱いて座り、もう1人の保育者が片手で子どもの足首を持ち、筆で足の裏に絵の具を塗ります。

② 画用紙を2つ折りにして間に段ボール板などを挟み、平らになるようにしておきます。絵の具を塗った足を画用紙に押し付けます。

③ 押し付けた足を上から押さえて足形をとり、素早く外します。足についた絵の具はすぐにぬれタオルでふき取ります。

袋にフラワー紙などを詰めるときは

ポリ袋は保育者が口を開けて持つか、ヨーグルトの空き容器などに入れ、口を折り返してセットしておくと、フラワー紙などの出し入れがしやすく、楽しくあそべます。

丸シールを用意するときは

シールの台紙にはったまま、小さく切り分けておきましょう。最初は子どもに見せながら、保育者が1枚ずつ台紙からはがして渡し、子どもが自分でやりたそうにしたら台紙ごと渡します。小さな子にも扱いやすい大きめの丸シールを用意しましょう。

フェルトペン・クレヨンを用意するときは

紙カップや牛乳パックを切った物などに入れて渡しましょう。ケースに入れたまま渡すよりも取り出しやすいようです。使う色や、同系色でまとめて入れておいてもいいですね。フェルトペンのふたは外しにくくしているようなら、保育者が手伝います。

1歳児

足形をとるときは

❶ 歩けるようになってきた子どもの足形は、立ってとるといいでしょう。画用紙とスタンプ台を並べて置き、スタンプ台に足を載せ、絵の具をつけ、画用紙に載せて押し付けます。

❷ 足形をとったら画用紙から外し、足裏の絵の具をぬれタオルでふき取りましょう。

丸シールを用意するときは

シール台紙にはったまま、切り分けて渡します。0歳児のときよりも小さめの丸シールも用意しましょう。

でんぷんのりを用意するときは

牛乳パックを切った物など、水分が染み込みにくい紙に、適量を取り分けて渡しましょう。足りなくなったら、その都度足すようにします。

ビニールテープを用意するときは

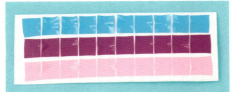

切り開いた牛乳パックにビニールテープを十分に引っ張って伸ばした状態ではり、使いたい大きさにカッターで切り目を入れましょう。テープが縮んですき間ができ、はがしやすくなります。缶のふたなどを使って、同様に用意してもいいでしょう。

絵の具を用意するときは

絵の具を水で、それぞれの製作に適した濃さに溶き、イチゴパックなど、倒れにくく、口の広い容器に用意しましょう。筆は絵の具の中に落ちてしまわないサイズがいいですが、長過ぎると子どもが扱いにくいので注意します。

マスキングテープを用意するときは

切り開いた牛乳パックの2面に両端をはみ出すようにしてはり（写真左）、はさみで半分に切り分けて（写真右）渡します。はみ出した端の部分からはがすと、はがしやすいでしょう。

2歳児

はさみを用意するときは

はさみはできるだけ子どもの手に合った大きさの物を選びます。指穴が小さく、はさみの支点がなるべく指穴に近い物が使いやすいでしょう。まだ利き手が定まらない時期なので、右利き、左利き用の配慮は必要ないでしょう。

細かな素材を用意するときは

小さく切った色画用紙や色ごとにまとめておきたい素材、ダイズやどんぐりなどは、浅く切った牛乳パックに入れて用意すると、散らばりにくく、あそびやすいでしょう。

パッチン切りの紙を用意するときは

はじめてのはさみは、「パッチン」と1回で切る、パッチン切りから始めましょう。パッチンとして切り落とせると、「切った」ことが実感できます。紙はあらかじめ1回で切り落とせる太さ（15cm角の色紙なら8～10等分程度）にして用意しましょう。

覚えておくと便利な準備

スタンプ台を用意するときは

濃いめに溶いた絵の具をガーゼやタオル地、不織布タイプのクッキングペーパーなどにたっぷりと染み込ませ、スチレン皿などの上に置きます。手形、足形をとるときは、広げた子どもの手や足より少し大きめのサイズで作っておくといいでしょう。

目や口などのシールを用意するときは

目や口は丸シールを使うと簡単に用意でき、子どもにも扱いやすい物になります。黒や濃いめの色の丸シールをそのまま使ったり、丸シールをはり重ねたり、半分に切ったりしてもいいでしょう。シール台紙にはって用意します。

大きめの目や口などのシールを用意するときは

色画用紙に両面テープをはり、目や口の形に切ります。両面テープのはく離紙をはがして、シール台紙などにはっておきます（左）。カラーガムテープは形に切り、シール台紙などにはって用意します（右）。

毛糸を用意するときは

毛糸はあらかじめ30cm程度の適度な長さに切って用意すると、子どもがあそぶときに絡みにくく、扱いやすいでしょう。

11

4月

入園・進級の季節。記念の手形や足形を取り入れた作品など、4月にふさわしいせいさくあそびをご紹介します。

0歳児　1歳児　2歳児

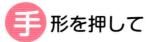 形を押して

プープー小鳥

不織布に押した手形を羽に見立てた紙コップの小鳥。紙コップはカラーの物を使ってもいいでしょう。二重にすると丈夫になります。

準備
- 不織布
- スタンプ台／→P.11
- カラー紙コップ／二重にしておく。
- 目とくちばしのシール／→P.11

作り方

❶ 四隅を折ってセロハンテープではり、丸い形にする
　笛
　直径20mmの丸シール
　笛を紙コップの底にはめ、セロハンテープで十字にはり留める
　カラー紙コップ

❷ 半分に切った直径13mmの丸シール　直径9mmの丸シール
　切り取った不織布の手形
　①かぶせる
　半分弱を木工用接着剤ではり、手前に折る
　※反対側も同様
　①と同じ色のカラー紙コップ
　木工用接着剤を付けて、2個の紙コップをはり合わせる

頭に笛を付けて、押すと音が鳴るように仕上げました。

4月

手形の羽は、折り広げると小鳥が羽ばたいているように見えます。カラフルに作って棚の上などに飾りましょう。

せいさくあそび

hop
0〜1歳
保育者が筆で子どもの手に絵の具を塗り、ラップのしんなどに不織布を巻いた物を握らせたり、一緒に不織布に手を押し付けたりして手形をとります。
→手形のとり方 P.6

step
1〜2歳
子どもがスタンプ台を使って絵の具を手につけ、不織布に押し付けて手形をとります。保育者が、2個はり重ねた紙コップに目とくちばしのシール、形に切り取った手形をはって小鳥に仕上げます。

jump
2歳〜
子どもが手に絵の具をつけ、不織布に手形をとります。2個重ねた紙コップに目やくちばしのシールをはります。保育者が手形の羽をはって仕上げます。

足形をとって
バードツリー

子どもの足形を形に切り、色画用紙のくちばしとおなかをプラスして目をかいたら、新緑の木に集まってにぎやかにさえずる、かわいい小鳥になりました。

準備
・色画用紙
・スタンプ台／→P.11
・フェルトペン

色画用紙で作ったクラスの木に、子どもたちの小鳥をはって壁面を飾りましょう。

せいさくあそび

hop
0～1歳
保育者が筆で子どもの足に絵の具を塗り、2つ折りにした色画用紙の間に段ボール板などを挟んで平らにし、足を押し付けて足形をとります。
→足形のとり方 P.7

step
1～2歳
スタンプ台に足を押し付けて絵の具をつけ、床に置いた色画用紙に足を置いて足形をとります。
→足形のとり方 P.8

jump
2歳～
スタンプ台に足を押し付けて絵の具をつけ、床に置いた色画用紙に足を置いて足形をとります。保育者が足形を切り取り、くちばしとおなかをはって小鳥の形にしたら、子どもがフェルトペンで目をかいて仕上げます。

足形押しで チョウチョウさん

子どもの足形をチョウチョウの羽にしました。左右の足形をとり、間に色画用紙の体をはると、春にぴったりのかわいいチョウチョウさんの出来上がり。

4月

準備
・色画用紙
・スタンプ台／→P.11
・色画用紙のチョウチョウの体
・のり

チョウチョウさんは色画用紙の花と一緒に壁面に飾りましょう。

せいさくあそび

hop 0～1歳
保育者が筆で子どもの足に絵の具を塗り、2つ折りにした色画用紙の間に段ボール板などを挟んで平らにし、足を押し付けます。もう片方の足も同様にして足形をとります。
→足形のとり方 P.7

step 1～2歳
スタンプ台に足を押し付けて絵の具をつけ、床に置いた色画用紙に足を置いて足形をとります。足がずれないように保育者が押さえたり、支えたりしてフォローします。片足ずつ順に両足のスタンプをします。
→足形のとり方 P.8

jump 2歳～
子どもが押した足形が乾いたら、保育者が形に切ります。子どもが色画用紙のチョウチョウの体に足形をのりではります。

4月

指 はんこで

ひらひらチョウチョウ

チョウチョウに指はんこで模様をつけてあそびましょう。春風に乗ってお祝いに飛んできたようなチョウチョウたちは、進級した新しいお部屋を飾るのにぴったりです。

一回り大きなチョウチョウの台紙にはって壁面飾りに。名札の代わりに個人マークをはった色画用紙の花を添えました。

準備

・チョウチョウの形に切った色画用紙
・スタンプ台／→P.11
・モールの触角
・セロハンテープ

作り方

せいさくあそび

step
1〜2歳
スタンプ台で指に絵の具をつけ、用意した色画用紙のチョウチョウに押します。

jump
2歳〜
指はんこを押したチョウチョウの裏に、モールの触角を保育者と一緒にセロハンテープではり付けます。

4月

フラワー紙を詰めて
ポリ袋イチゴ

透明なポリ袋にフラワー紙を詰めたら、保育者が形を整え、丸シールのつぶつぶをはってイチゴに仕上げましょう。大きなイチゴの出来上がり！

準備
- フラワー紙／月齢によって扱いにくいようなら、半分の大きさに切っておく。
- 透明ポリ袋（小さいサイズ）
- 丸シール

作り方

① 透明ポリ袋
子どもが詰めたフラワー紙を角に寄せて絞る

② 切る／セロハンテープで巻いて留める

③ 切る／中表に2つ折りにしたカラーガムテープ／広げて粘着面をはる

色画用紙のプランター、花、葉と一緒に壁面にはって飾りましょう。

せいさくあそび

step
1～2歳
保育者がフラワー紙を1枚ずつ手渡し、触り心地を楽しみながら丸めたり、ちぎったりして、容器にセットした透明ポリ袋に入れます。保育者がイチゴに仕立てたら、丸シールを台紙からはがしてはります。
→ポリ袋のセットの仕方 P.7

jump
2歳～
ポリ袋を自分で持ち、丸めたり、ちぎったりしてあそんだフラワー紙を入れます。保育者がイチゴに仕立てたら、丸シールをはります。

丸シールをはって
テントウムシ

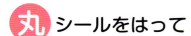

色画用紙で作ったテントウムシに、丸シールをはってあそびましょう。はり方に子どもたちの個性が光る、いろいろな模様のテントウムシが出来上がります。

準備
- 丸く切った赤（大）と黒（小）の色画用紙
- 丸シール／1人分 20〜30個、大小さまざまな色を用意。
- 目のシール／→P.11
- のり

作り方

せいさくあそび

step
1〜2歳
丸シールを台紙からはがして、自由にテントウムシにはります。

jump
2歳〜
赤と黒の色画用紙をのりではり合わせてテントウムシを作り、目や模様の丸シールをはります。

色画用紙の大きなタンポポにとまらせて壁面飾りに。タンポポは花びらを折り起こし、綿毛には綿をはって立体的に作りました。

丸シールをはって、クレヨンで塗って
スチロールテントウムシ

スチロール半球で立体的に作ったテントウムシに、丸シールをはったり、クレヨンで塗ったりしてあそびましょう。いろいろな模様のかわいいテントウムシが出来上がります。

準備
・スチロール半球で作ったテントウムシ
・丸シール
・クレヨン
・目と口のシール／→P.11

作り方
- 直径5mmの丸シール
- 油性フェルトペンでかく
- 直径4cmの色画用紙
- スチロール用接着剤で裏にはる
- 接着剤を付ける部分
- 直径7cmのスチロール半球

色画用紙で作った花や葉にとまらせて、壁面に飾ってもいいでしょう。

せいさくあそび

step
1〜2歳
テントウムシのスチロール半球に、模様の丸シールをはり、クレヨンで塗ります。

jump
2歳〜
テントウムシの顔に目と口のシールをはったら、スチロール半球に、模様の丸シールをはり、全体をクレヨンで塗ります。

 2歳児  4月

折り紙で
春の花束

色紙を折ってあそびましょう。三角に2つ折りしたら、もう1回折ります。角と角がぴったり合わなくても大丈夫。「ずれないように折る」より、「楽しく折る」ことが大事です。

出来上がった春の花束に名前を書き、色画用紙の葉っぱと一緒に、壁面に飾りましょう。

準備
・色紙／子どもが手を広げた大きさくらいが扱いやすいので、約10cm角に切って各色用意する。

作り方

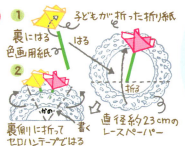

せいさくあそび

jump
2歳〜

保育者が「三角のお山を折ろうね」などと言葉かけをして折ってみせ、子どもが好きな色の色紙を選んで三角に折ります。角と角が合わなくても気にせずに、折った所に「アイロンをかけるよ」などと、しっかりと折ることを伝えましょう。

0歳児　1歳児　2歳児

手形押しで
飾りかぶと

包装紙で折ったかぶとに手形をはりました。子どもの顔写真や飾りひもを付ければ、こどもの日にぴったりなすてきな飾りになります。

準備
- 画用紙
- スタンプ台／→P.11
- かぶとの折り紙／包装紙で折っておく。
- のり

作り方

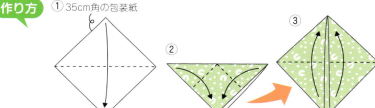

① 35cm角の包装紙　②　③

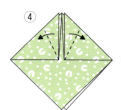 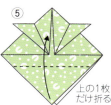 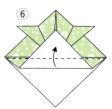

④　⑤ 上の1枚だけ折る　⑥

  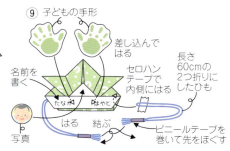

⑦ 折って内側に入れる　⑧ 内側に折り込む　⑨ 子どもの手形

差し込んではる
長さ60cmの2つ折りにしたひも
セロハンテープで内側にはる
名前を書く
はる　結ぶ
写真
ビニールテープを巻いて先をほぐす

― ― ― ― 谷折り　―・―・― 山折り　 図を拡大

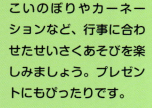

5月

こいのぼりやカーネーションなど、行事に合わせたせいさくあそびを楽しみましょう。プレゼントにもぴったりです。

保育室の棚の上などに並べて飾りましょう。飾り終わった物は持ち帰ってもらえば、大切な記念になりますね。

せいさくあそび

hop
0〜1歳
保育者と一緒に手形をとります。
→手形のとり方 P.6

step
1〜2歳
子どもがスタンプ台を使って手に絵の具をつけ、画用紙に押して手形をとります。

jump
2歳〜
子どもの手形は保育者が切り抜いて準備し、折り紙のかぶとに子どもがのりではります。

フェルトペンがきで
バッグこいのぼり

細長い色画用紙に、フェルトペンでかいてあそびましょう。保育者が牛乳パックにはってバッグに仕上げます。バッグを持ってあそぶのが大好きなころにぴったりのせいさくあそびです。

子どもたちがあそびたいときにすぐに使えるように、棚などに置いて飾っておくといいですね。

準備
- 横長の色画用紙2色 各1枚／牛乳パックにはることを考慮して約7cm×25cmの物を用意。
- フェルトペン
- 目のシール／→P.11

せいさくあそび step
1〜2歳
目をはった2色の細長い色画用紙にフェルトペンでかいてあそびます。

jump
2歳〜
2色の細長い色画用紙に、子どもが目をはり、フェルトペンがきを楽しみます。目は2枚とも同じ向きにはってしまわないように、言葉かけをしましょう。

作り方

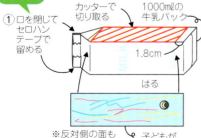

① 口を閉じてセロハンテープで留める
カッターで切り取る
1000mℓの牛乳パック
1.8cm
はる
※反対側の面も同様にしてはり、どちらかの面に名前を書く
子どもがフェルトペンでかいた色画用紙

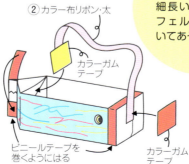

② カラー布リボン・太
カラーガムテープ
ビニールテープを巻くようにはる
カラーガムテープ

2歳児

5月

ク クレヨンがきとテープはりで
こいのぼりリース

紙皿の縁の、凸凹したかき心地を楽しんだり、こいのぼりにテープをはったりしてあそびます。保育者がリースにして、名札の代わりに子どもの顔写真をはりました。

こいのぼりは、ポリ袋に入れることで強度が増し、テープをはったり、はがしたりしやすくなります。

準備
- 紙皿
- クレヨン
- きらきら色紙のこいのぼり
- 目のシール／→P.11
- マスキングテープ

作り方
① 直径約20cmの紙皿 カッターで切り抜く
② しわを付けたきらきら色紙 約11cm 約16cm 透明なポリ袋 入れる
③ 切る 子どもが製作した後、ひもにセロハンテープで①と③をはってつるす

せいさくあそび
jump
2歳〜

紙皿に好きな色のクレヨンでかいて、縁の凸凹のかき心地を楽しみます。こいのぼりに目のシールをはり、マスキングテープをはります。

シールはりとクレヨンがきで
フラッグこいのぼり

2つ折りにした色画用紙のこいのぼりに丸シールの目や口をはって、クレヨンでかいてあそびましょう。保育者が棒に付けて仕上げれば、子どもたちは大喜びです。

5月 / 2歳児

準備
- 色画用紙のこいのぼり台紙2色 各1枚／四つ切りの色画用紙を6等分した物（約9×38cm）を2つ折りにして、尾びれを切り込む。
- 目と口のシール／→P.11
- クレヨン

作り方

- 直径6cmの色画用紙
- はり合わせる
- 子どもの顔写真
- カラー布リボンを棒にくくりつけ、先を切る
- セロハンテープではる
- 子どもが作業した後の色画用紙のこいのぼり
- 両面テープではり合わせる
- 棒を挟んで2つ折りにする
- 広告紙を丸めた棒

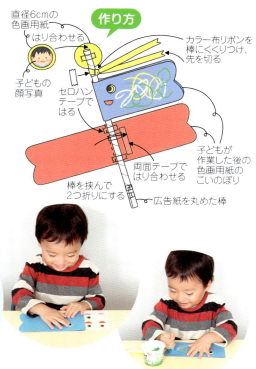

せいさくあそび
jump
2歳～
2枚の色画用紙の両面に、シール台紙から目と口のシールをはがしてはり、クレヨンで自由に模様をかきます。まごいとひごいの2匹分、作ります。

フラワー紙を詰めて
カーネーション

透明なポリ袋にフラワー紙を入れてあそびます。形を整えて茎や葉を付けてカーネーションに。子どもの写真をはってプレゼントにしてもいいですね。

準備
・透明ポリ袋
・フラワー紙

作り方

花に仕上げる際、袋の中にコメを入れておくと振ったときにシャラシャラと音がして楽しめます。

園芸用の吸水スポンジに差すと手軽に飾れます。

せいさくあそび

hop
0〜1歳
フラワー紙は子どもが扱いやすいように1/4に切っておき、ポリ袋は保育者が口を開けて持つか、ヨーグルトなどの容器にセットした物に詰めてあそびます。
→ポリ袋のセットの仕方 P.7

step
1〜2歳
フラワー紙を破いたり、丸めたりしてあそび、自分で持ったポリ袋に詰めます。

✿5月

 シールはりとクレヨンがきで

カーネーションバッグ

牛乳パックでカーネーションを作りましょう。丸シールをはったり、クレヨンでかいたりしてあそび、保育者が色画用紙の葉と持ち手を付けてバッグにしました。

準備
- 牛乳パックに色紙をはったカーネーション／赤、ピンク、薄ピンクなどを用意し、子どもが好きな色を選ぶ。
- 丸シール
- クレヨン
- 色画用紙のがく
- のり

せいさくあそび

step 1～2歳
牛乳パックのカーネーションの各面に、シール台紙から丸シールをはがしてはり、好きな色のクレヨンで自由にかきましょう。

jump 2歳～
色画用紙のがくをのりではり、乾いたら、丸シールはりとクレヨンがきを楽しみます。

バッグを持つのが大好きな子どもたちにぴったり。小物入れとして母の日のプレゼントにしてもいいですね。

作り方

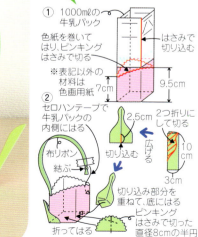

① 1000mlの牛乳パック
色紙を巻いてはり、ピンキングはさみで切る
はさみで切り込む
※表記以外の材料は色画用紙
7cm / 9.5cm

② セロハンテープで牛乳パックの内側にはる
2.5cm 切り込む
2つ折りにして切る 広げる
10cm / 3cm
布リボン 結ぶ
切り込み部分を重ねて、底にはる
ピンキングはさみで切った直径8cmの半円
折ってはる

※布リボンと葉は、子どものせいさくあそびの後に付ける

2歳児

5月

テープはりとフラワー紙あそびで
華やかカーネーション

ビニールテープをはったり、フラワー紙を紙カップにぎゅっと押し込んだりしてあそびます。最後に、保育者がカーネーションに仕上げましょう。

せいさくあそび jump

2歳〜

ビニールテープを1つの紙カップの側面にはります。そこにフラワー紙をかぶせ、もう1つの紙カップを使ってぎゅっと押し込むのを繰り返し、3枚くらい重ねます。重ねた上の紙カップの中に、残りのフラワー紙を丸めて詰めます。

準備

- ヨーグルトなどの紙カップ　2個
- フラワー紙　5〜6枚/子どもがビニールテープをはったカップの内側に、輪にしたセロハンテープをはって、最初の1枚は、保育者がやって見せる。
- ビニールテープ

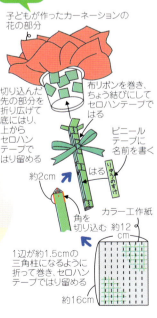

作り方

子どもが作ったカーネーションの花の部分

切り込んだ先の部分を折り広げて底にはり、上からセロハンテープではり留める

布リボンを巻き、ちょう結びにしてセロハンテープではる

ビニールテープに名前を書く

約2cm

角を切り込む

カラー工作紙　約12cm

1辺が約1.5cmの三角柱になるように折って巻き、セロハンテープではり留める

約16cm

29

紙を丸めて
くしゃくしゃカタツムリ

色紙の感触を楽しんであそびましょう。子どもがあそんだ後の色紙を殻に見立てて、色画用紙の体に載せたら、かわいいカタツムリの出来上がり！

柄布をアジサイの形に切ってカタツムリの下に敷くと、優しい雰囲気になります。柄布は画用紙にはってから切ると、切りやすいでしょう。

カタツムリ、アジサイ、カエルなど梅雨の季節に活躍するモチーフを、楽しく製作。お部屋で過ごすことが多いこの時期、じっくりと取り組めるといいですね。

準備
- **色紙**／15cm角の色紙、または半分に切った物。
- **カタツムリの体**／色画用紙で作る。

作り方

❶ 切り取る 約20cm 色画用紙 約3.5cm 切る
❷ フェルトペンでかく 両端ははさみなどでしごいてカールさせる
子どもが丸めた色紙
輪にしたセロハンテープではる

せいさくあそび
hop
0〜1歳
半分に切った色紙を渡し、感触を楽しみます。最初は保育者が丸めて見せましょう。

step
1〜2歳
色紙を1枚渡し、「お団子を作ろう」などと言葉かけをしながら丸めます。保育者がカタツムリの体に輪にしたセロハンテープをはって、丸めた色紙を一緒にはりましょう。

にじみ絵で カタツムリ

コーヒーフィルターにフェルトペンでかいてあそんだら、水につけて色がにじむ様子を楽しみます。乾いたら、カタツムリにして飾りましょう。

子どもたちのカタツムリは、作品の説明などを添えて飾るといいでしょう。

準備

- コーヒーフィルター
- フェルトペン／にじんで色が混じったときに黒くならないよう、考慮して色分けしておく。
- 水／イチゴパックなど深めで口の広い容器に、深さ1cmくらいの水を入れて用意。
- カタツムリの体／色画用紙とカラー工作紙で作っておく。

作り方

❶ フェルトペンでかく
カラー工作紙の裏に色画用紙をはった物
セツリ取る
6cm
25cm 切る
カールさせる
❷ 紙カップをのせてセロハンテープではり留める ※反対側も同様
その後コーヒーフィルターをかぶせてセロハンテープで留める

せいさくあそび

step 1〜2歳
コーヒーフィルターに好きな色のフェルトペンでかきます。フィルターの広がったほうを手で持ち、底の部分を少しだけ水につけ、半分くらいまでにじんできたら引き上げて乾かします。

jump 2歳〜
コーヒーフィルターに好きな色のフェルトペンでかき、水につけてにじむ様子を楽しみます。保育者が紙カップをはりつけたカタツムリの体に、にじみ絵を楽しんだコーヒーフィルターをかぶせます。

指 はんこで
カラフル雨傘

傘の形に切った色画用紙に、雨をイメージした色の絵の具で指はんこを押してあそびましょう。雨の日の楽しい傘の出来上がり。子どもの写真もはりました。

カラフルな子どもたちの傘は、色画用紙の雨粒と一緒に壁面飾りにするといいですね。

準備
- 色画用紙の傘／3色くらいを用意。
- スタンプ台 白と水色／→P.11
- 色画用紙の傘の柄
- のり

せいさくあそび

hop
0～1歳

スタンプ台の絵の具に触って、手に絵の具をつけ、色画用紙の傘に押し付けて指跡をつけます。歩き始めた子なら、手の届く位置の壁面に新聞紙をはり、その上に傘をはっておいてもいいでしょう。

step
1～2歳

スタンプ台で指に絵の具をつけ、色画用紙の傘に指跡をつけます。乾いたら、柄をのりではって傘を作ります。

2歳児　6月

ひも通しで ストローレイン

手指の巧緻性が発達してくると、小さい穴にひもを通すのもお手のもの。ストローを切った物をたくさん用意して、綿ロープを通してあそびましょう。

準備

・ストロー／2〜3cmの長さに切り、色ごとに牛乳パックなどの空き箱に入れておく。
・雨粒の綿ロープ
・厚紙に色画用紙をはって切った雨雲
・クレヨン

作り方　雨粒の綿ロープ

ストローに通る太さの綿ロープ（長さ約30cm）の片端に、厚紙に色画用紙をはった雨粒を付けてストッパーにします。もう片方はストローに通しやすいように3〜4cmの長さにセロハンテープを巻いて硬くしておきます。

せいさくあそび

jump
2歳〜

雨雲に好きな色のクレヨンで自由にかきます。切り分けたストローの中から好きな色を選んで綿ロープを通します。出来上がったら、保育者が雨雲の裏にはり付けます。できる子は一緒にしてもいいですね。

6月

スタンプとシールはりで
ぺたぺたアジサイ

ペットボトルの底にスポンジを付けたアジサイスタンプを押してあそびます。絵の具が乾いてから、雨粒に見立てた丸シールをはりましょう。

雨粒に見立てた丸い色画用紙に名前を書き、写真をはって飾りました。

準備
- アジサイの形に切った色画用紙
- アジサイスタンプ／絵の具の色ごとにいくつか用意する。
- スタンプ台／→P.11
- 丸シール
- 色画用紙の葉っぱ
- のり

作り方　アジサイスタンプ

① 食器洗い用のスポンジを5cm角に切った物
　輪ゴムで真ん中を5回くらい縛る

② 十字に輪ゴムで5回くらい縛る

③ 輪にしたガムテープではる

両面テープではる

直径5cmの厚手のボール紙
350～500mlのペットボトル

せいさくあそび
step
1～2歳

スタンプ台でアジサイスタンプに絵の具をつけ、色画用紙にスタンプします。好きなだけスタンプしたらよく乾かし、丸シールをはります。

jump
2歳～

色画用紙にアジサイをスタンプし、丸シールをはったら、のりで葉っぱをはります。

四角く切ったスポンジを輪ゴムで十字に縛るとアジサイの小花（がく）の形になります。

フェルトペンがきとシールはりで
カエルさんお面

牛乳パックに色画用紙をはって作った細長いカエルにフェルトペンでかいたり、丸シールをはったりして、オリジナルのカエルを作りましょう。出来上がったら保育者がお面に仕立てます。

お面をかぶってぴょんぴょん！ カエルのまねっこ。子どもがあそびたいときにすぐに取れるように、棚の上などに置いて飾りましょう。

準備
- 細長いカエル／牛乳パックを切り開き、色画用紙をはって作る。
- フェルトペン
- 丸シール
- 色画用紙の目と口
- のり

作り方
① 1000mlの牛乳パック　広げる　四隅を切り込んで2面を切り取る
② ①で切り取った牛乳パックに色画用紙をはって形に切る　裏にはる　色画用紙をはる　かく　幅7cm×長さ54cmの色画用紙をはる
③ 子どもがせいさくあそびをした後、輪ゴムを挟んで折り、ホッチキスで留める　※表側の針先の上にはセロハンテープをはって保護する

せいさくあそび

step 1〜2歳
細長いカエルにフェルトペンでかき、丸シールをはります。

jump 2歳〜
細長いカエルに色画用紙の目と口をのりではってから、フェルトペンで自由にかき、丸シールをはります。

ク レヨンがきとテープはりで
ぴょんぴょんカエル

色画用紙のカエルに目や口をはり、クレヨンでかきましょう。
保育者が牛乳パックにはったら、好きな所にビニールテープをはって、元気なカエルの出来上がり。

準備
・色画用紙のカエル
・目と口のシール／→P.11
・クレヨン
・ビニールテープ

作り方

① 1000mlの牛乳パック
7cm
四隅を切り込んで折り上げる
切り取る

② 7cm
12.5cm
子どもが製作した色画用紙のカエル
書く
はる
はってから切り取る
折る
切る

セロハンテープではり留め、足に見えるようカーブさせて、かかとは下からセロハンテープではり留める
※反対側も同様

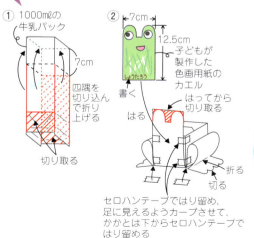

折り返した足は、裏をセロハンテープではり留めます。

6月

せいさくあそび
jump
2歳〜

色画用紙のカエルに目と口のシールをはり、クレヨンでかきます。保育者が牛乳パックにはった後、子どもがビニールテープをはって仕上げます。

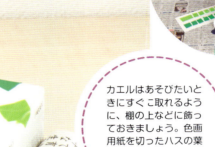

カエルはあそびたいときにすぐこ取れるように、棚の上などに飾っておきましょう。色画用紙を切ったハスの葉などを敷くと、雰囲気がアップします。

ぴょん ぴょん

出来上がったカエルは、背中を指で軽くたたくとぴょんぴょんと跳ねます。

カ ラーポリロールを詰めて
カラコロペンギン

ペットボトルにカラーポリロールを詰めてあそびましょう。
穴に物を詰め込むあそびは子どもたちのお気に入りです。楽しくあそんだら、顔や羽をはってペンギンさんの出来上がり！

振ったときに音も楽しめるように、鈴も一緒に入れました。

ササ飾りにアサガオ、アイスクリームや花火など、夏の風物詩を楽しく製作。お部屋に飾って、みんなに見てもらえるといいですね。

準備
・ペットボトル／子どもが扱いやすい350mlの物を用意。
・カラーポリロール／子どもが扱いやすいよう、適当な大きさに切って何色か用意。
・目とくちばしのシール／→P.11

作り方

- ふたをしてビニールテープを巻く
- 鈴　入れる
- 子どもがカラーポリロールを詰めたペットボトル
- 直径16mmの丸シール
- 直径9mmの丸シール
- 直径13mmの丸シールを半分に切った物
- 側面にはる
- カラーガムテープ
- 油性フェルトペンで名前を書く

せいさくあそび

hop
0〜1歳
カラーポリロールの感触を楽しみながら、ペットボトルの口から指で押し込んで詰めます。

step
1〜2歳
カラーポリロールをペットボトルの口から押し込んで詰めたら、保育者が鈴を入れてふたをし、胸や羽をはります。その後、子どもが目やくちばしのシールをはってペンギンを作ります。

指はんこで 流れ星短冊

色画用紙の星に指はんこを押して、すずらんテープの尾とひもを挟んで2枚をはり合わせたら、流れ星の出来上がり。保護者に願い事を書いてもらいササに飾りましょう。

準備
- 色画用紙の星 2枚
- スタンプ台／→P.11
- のり

作り方　星の型紙
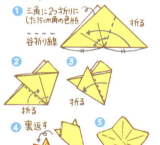

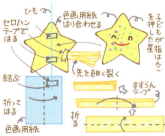

せいさくあそび

hop 0〜1歳
スタンプ台で指に絵の具をつけ、保育者が顔をかいておいた色画用紙の星に指はんこを押します。2枚押しましょう。

step 1〜2歳
色画用紙の星2枚に指はんこを押します。保育者がすずらんテープの尾とひもをはったら、のりで2枚をはり合わせましょう。

たんぽ押しで
紙皿カメさん

たんぽに絵の具をつけて、紙皿に押してあそびましょう。絵の具が乾いたら、色画用紙の顔や足、尾を付けて、カメに仕上げましょう。

準備
- 直径15cmくらいの紙皿
- たんぽ
- スタンプ台／→P.11
- 目と口のシール／→P.11
- 色画用紙の顔、足、尾
- のり

保育者が甲羅の線をかいて飾りましょう。写真をはってもいいですね。

作り方 たんぽ

① ペットボトルのふたを8個用意し、2個ずつ突き合わせてビニールテープを巻く

さらに2個ずつ4組を突き合わせてビニールテープを巻く

③ 余分なガーゼをビニールテープで巻く

② 包む／綿／折り畳んで4枚くらい重ねたガーゼ

輪ゴムで留める

せいさくあそび

hop 0〜1歳
スタンプ台でたんぽに絵の具をつけ、紙皿に押します。はじめは保育者がやって見せましょう。

step 1〜2歳
スタンプ台でたんぽに絵の具をつけ、紙皿に押します。絵の具が乾いたら保育者が顔と足と尾の色画用紙をはり、子どもが目と口のシールをはって仕上げます。

jump 2歳〜
スタンプ台でたんぽに絵の具をつけ、紙皿に押します。絵の具が乾いたら顔と足と尾の色画用紙をのりではり、目と口のシールをはります。

子どもたちのカメを七夕のササ飾りにしてもいいでしょう。丸い色画用紙を用意して保護者に願い事を書いてもらい、おなかにはります。

40

の具と筆で
紙皿アサガオ

紙皿の裏側に星形のブックカバー（透明粘着シート）で写真をはり、上から絵の具を塗ると、ブックカバーの表面が絵の具をはじき、星形の部分が白く抜けてアサガオの花が出来上がります。

葉に名前を書いて壁面に飾り、子どもたちの元気な笑顔を部屋に咲かせましょう。

準備

- 紙皿／絵の具が乗りやすいように裏側を使う。紙皿を裏返しに置き、へこませて、中央に星形に切ったブックカバーで写真をはる。
- 絵の具と筆／アサガオらしい色を大きめの容器に薄めに溶き、筆を添えて用意。
- 色画用紙の葉とがく
- のり

この状態で子どもに渡します。

せいさくあそび

step 1〜2歳

筆に絵の具を含ませて、紙皿に塗ります。子どもが絵の具を塗った後、ブックカバーの上はティッシュなどで軽くふき取っておきます。

jump 2歳〜

筆で紙皿を塗り、よく乾かしたら、色画用紙の葉とがくをのりではります。

1歳児 2歳児

 め紙と手形で
華やかアサガオ

折り畳んだ障子紙を絵の具で染めたり、アサガオの葉に手形を押したり。絵の具が乾いたら、合わせてアサガオの花に仕上げましょう。

準備

- 直径約26cmの丸い障子紙／8つ折りにしておく。
- 薄く溶いた絵の具／アサガオの色を何色か浅めの容器に少量入れて用意。
- 色画用紙の葉
- スタンプ台／→P.11
- のり

 せいさくあそび

step
1〜2歳

折り畳んだ障子紙の角を持ち、絵の具にちょっとだけつけて染み込む様子を楽しみ、乾かしておきます。乾いたらそっと開いて模様を確認しましょう。スタンプ台で手に絵の具をつけ、色画用紙の葉に手形を押します。

jump
2歳〜

障子紙を絵の具につけて染み込む様子を楽しみ、乾いたら開いて模様を確認します。スタンプ台で手に絵の具をつけ、色画用紙の葉に手形を押します。保育者がアサガオにがくを付け、子どもが手形を押した葉をのりではります。

染めた障子紙の中心をつまんでセロハンテープで巻き留め、厚紙と色画用紙で作ったがく2枚で挟んではり合わせて、アサガオの花を作ります。

の具をにじませて
コーンアイス

水でぬらした丸い画用紙の上に絵の具をつけた筆でかいて、絵の具がじわ～っとにじんで広がるのを楽しみましょう。絵の具が乾いたらコーンを付けてアイスクリームの出来上がり。

色画用紙の台紙にはって壁に飾るとコーンアイスが映えておいしそうですね。色画用紙の星やカラフルな水玉を添えてポップに飾りましょう。名前に写真を添えてもいいですね。

準備
- 直径約15cmの丸い画用紙
- 薄く溶いた絵の具と筆／混じったときの色を考慮して4色程度用意。筆は色ごとに用意する。
- 色画用紙のコーン
- のり

せいさくあそび

step
1〜2歳
子どもが見ている前で、保育者が画用紙に筆で水を塗って湿らせます。子どもは、湿った画用紙に絵の具をつけ、絵の具がにじみながら広がるのを楽しみます。色を変えて同じように絵の具をつけ、色が混じり合っていくのも楽しみましょう。

jump
2歳〜
保育者が筆で水を塗って湿らせた画用紙に絵の具をつけ、絵の具がにじみながら広がったり、混じり合ったりするのを楽しんでよく乾かします。色画用紙のコーンをのりではってアイスクリームを作ります。

2歳児　7月

スタンピングで
打ち上げ花火

ナスやキュウリ、オクラなど夏野菜やペットボトルを使って、スタンプあそびを楽しみましょう。紺色の色画用紙にカラフルにスタンプして、花火を作りました。

準備

- ナス、キュウリ、オクラなどの夏野菜／子どもが握りやすいようにカットする。
- ペットボトル
- スタンプ台／→P.11
- 紺色の丸い色画用紙

せいさくあそび

jump
2歳～

野菜の切り口やペットボトルの口、底などにスタンプ台で絵の具をつけ、色画用紙に押し付けてスタンプをします。好きな素材、好きな色を使って自由に楽しみましょう。

名前を書いて壁面飾りに。色画用紙の帯に丸シールをはった花火の軌跡や星も添えました。

身の回りにある物をいろいろスタンプしてみてもいいでしょう。ペットボトルの口や底を使ったスタンプも楽しいです。

フィンガーペインティングで
水の中のお魚さん

魚をはった紙の上に指絵の具を垂らし、指やてのひらで伸ばしてあそびます。指絵の具の感触を存分に楽しみましょう。

準備
- カラー工作紙の台紙
- 魚のシール／カラーガムテープなど、表面がつるっとした水をはじく物を使って作り、シール台紙などにはっておく。
- 指絵の具／適量をカップなどに入れて用意。

作り方 指絵の具

① 小麦粉を水に溶いて火にかけ、のりを作る。

② 別容器に移して冷まし、すくって指の間から垂れない程度に水で薄める。

③ 食用色素（青）を少量入れてよく混ぜる。

※事前に、小麦アレルギーのある子がいるかどうかを確認してから活動してください。また、指絵の具は腐りやすいので、使う分だけを作り、使い切りましょう。

6月

魚やカニなど、海のお友達、スイカやヒマワリなど夏らしいモチーフを取り入れて、絵の具や水を使った夏ならではの製作で大胆にあそんでみましょう。

8月

せいさくあそび

hop
0〜1歳
魚のシールをはって用意したカラー工作紙に保育者が指絵の具を垂らし、子どもが指やてのひらで触って、感触を楽しみながら伸ばします。紙からはみ出してもいいようにビニールシートなどを敷いて、伸び伸びあそびましょう。

step
1〜2歳
保育者が魚のシールをはって用意したカラー工作紙に、子どもが指絵の具を垂らし、指やてのひらで伸ばしてあそびます。

jump
2歳〜
子どもがカラー工作紙に魚のシールをはります。指絵の具を垂らし、指やてのひらで紙の上に伸ばしてあそびます。

魚形の名札をはって壁面に。ランダムにはって動きを出し、色画用紙の水玉を添えました。

色水作りとテープはりで
ペットボトル金魚

ペットボトルを振って色水を作ってあそんだ後、保育者が尾びれを付け、目や口のシールをはったり、ビニールテープで飾ったりして金魚を作りました。

カラフルな金魚は棚の上などに並べて飾ると涼しげな雰囲気になります。

色水を作った後、ペットボトルのふたを外し、20cm角のカラーポリロール2枚を挟んで閉め、ビニールテープで巻き留め、尾びれにします。

準備
- 500mlのペットボトル／外したふたの内側に赤、青、黄など子どもが選んだ色の絵の具を付けて用意しておく。
- 目と口のシール／→P.11
- ビニールテープ

せいさくあそび
jump
2歳〜

好きな色の絵の具を選び、ペットボトルに半分くらい水を入れてふたをし、振ります。振っているうちに絵の具が混じり、だんだん濃くなっていくので、「赤くなってきたねー」などと声をかけ、色の変化を楽しみましょう。保育者が尾びれを付けたら、子どもが目と口のシールをはり、ビニールテープをはって飾ります。

手形を押して
ゆらゆらカニ

手形を使ってカニを作りましょう。ぱっと大きく開いた手形がとれると、元気なカニになりますね。2つ折りにした紙皿にはって、つつくと左右に揺れる楽しいカニの出来上がり！

2つ折りにした紙皿に、バランスをみてはりましょう。触るとゆらゆらと揺れるカニになります。

せいさくあそび

hop 0〜1歳
保育者が子どもの手に筆で絵の具を塗り、画用紙に手形をとります。
→手形のとり方 P.6

step 1〜2歳
スタンプ台を使って手に絵の具をつけ、画用紙に手形をとります。

jump 2歳〜
子どもが押した手形を保育者が形に切り、厚紙にはります。子どもがカニの体に手形、目、はさみをのりではります。

準備
・画用紙
・スタンプ台／→P.11
・カニの体、はさみと目／色画用紙で作っておく。
・のり

作り方
※表記以外の材料は色画用紙

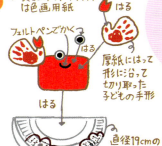

2歳児　8月

クレヨンでかいて
海のお友達

保育者が切って用意した牛乳パックの魚やカニ、タコなどに顔をかいたり、色を塗ったり。出来上がったら水に浮かべ、持ち手付きの水切りかごなどですくってあそんでみましょう。

準備
・牛乳パックを切って作った魚やカニ、タコなど
・クレヨン

せいさくあそび

jump
2歳～
魚、カニ、タコから好きな物を選んで、裏の白い面にクレヨンで顔をかいたり、色を塗ったりしてあそびます。

作り方
① 継ぎ目の部分を切り込んで広げる／口と底は切り取る／1000mlの牛乳パック
② 半分に切ってそれぞれを2つ折りにする　B　A
③ 切り取る／切り込む　A(カニ)　B(タコ)／切り込む／魚は牛乳パックの1面を形に切り取る

綿棒でかいて
大好きスイカ

赤と緑をはり合わせ、丸く切った色画用紙の表裏に、絵の具をつけた綿棒で種や皮の模様をつけてスイカを作りましょう。綿棒の先端を使うと、丸い跡がついて、スタンプ感覚で種がかけます。

広げると丸いスイカに！

準備
- 赤と緑の色画用紙を2枚はり合わせ、丸く切ったスイカの台紙
- 綿棒／軸に広告紙などを巻いて太くしておく。
- 絵の具／種用に黒、皮用に濃い緑などを、浅い容器に少なめに入れて用意。

綿棒は軸に広告紙などを巻いて太くしておくと丈夫になり、子どもが握りやすくなります。

せいさくあそび

step
1〜2歳

綿棒の先に絵の具をつけてスタンプするように、スイカの台紙の赤い面に種をかいていきます。裏返して、緑の面では綿棒をつけたまま紙の上を動かし、模様をつけます。

jump
2歳〜

綿棒でスタンプをするように種をかき、裏返して皮の模様をかいて、よく乾かします。乾いたら赤いほうが表側になるように半分に折ります。

8月

クレヨンがきとシールはりで
紙皿ヒマワリ

真ん中に色画用紙とエアパッキングをはった紙皿の縁を塗ったり、エアパッキングにシールをはったりしてヒマワリを作りましょう。紙皿の縁は凸凹しているので、画用紙とはまた違ったかき心地が楽しめます。

準備
- 紙皿
- 丸い色画用紙にエアパッキングをはり重ねた物
- クレヨン
- 丸シール
- のり

作り方

① 直径16cmの紙皿／直径10cmの色画用紙とエアパッキング → はる → 両面テープではる

② 子どもがクレヨンでかいて丸シールをはった物／裏にセロハンテープではる／布リボンの幅の切り込みを入れる／差し込んで裏をセロハンテープではる／布リボン／名前を書く色画用紙

まゆ／はづき

お持ち帰り用に、布リボンを付けてペンダントに。壁面に飾るときは逆さまにして茎のようにしてもいいですね。

せいさくあそび

step 1～2歳
保育者が紙皿の真ん中に色画用紙とエアパッキングをはっておき、子どもが縁の部分をクレヨンで塗ってから、台紙から丸シールをはがしてエアパッキングの上にはりましょう。

jump 2歳～
紙皿の真ん中に色画用紙とエアパッキングをはり重ねた物をのりではります。縁の部分をクレヨンで塗り、丸シールをエアパッキングの上にはってあそびます。

2歳児

8月

手形を押して
ぺたぺたヒマワリ

丸い色画用紙に、花びらのように手形を重ねて押してあそびます。園庭のヒマワリに種ができたら取って、手形のヒマワリにはるあそびをプラスしても楽しいでしょう。

準備
- ヒマワリの花の台紙／ピンキングばさみで丸く切った黄色の色画用紙に茶色の色画用紙の花しんをはっておく。
- スタンプ台／→P.11
- 木工用接着剤
- ヒマワリの種

せいさくあそび

jump
2歳〜

スタンプ台で手に絵の具をつけ、ヒマワリの花の台紙に手形を押します。台紙を回転させながら、何回か手形を押しましょう。絵の具が乾いたら、ヒマワリの種に木工用接着剤を付けて、花しん部分にはってあそびます。

色画用紙の茎と葉を付けて壁面に飾ったら、保育室がぱっと明るくなりますね。

※木工用接着剤を使う場合は、使用上の注意をよく読み、保育者と一緒に使いましょう。

9月

指はんこで
お月見ネコちゃん

絵の具をつけた指で、色画用紙のネコに触ってあそびます。
指跡が毛の模様のように見えて、後ろ姿のかわいいお月見ネコちゃんになります。

お月見をはじめコスモス、トンボ、おいしそうなブドウ……秋の人気モチーフを取り入れて、せいさくあそびでも秋を思いっきり楽しみましょう！

準備
・シルエットに切った色画用紙のネコ
・スタンプ台／→P.11

紺色の色画用紙に並べ、月や星をはって飾りましょう。まるでネコたちがお月見をしているような壁面飾りが出来上がります。

せいさくあそび

hop 0〜1歳
色画用紙のネコを床や壁にはっておきます。スタンプ台を触って指に絵の具をつけ、ネコをなでるようにして触ります。

step 1〜2歳
スタンプ台で指に絵の具をつけ、ネコに押して模様をつけてあそびます。

紙 粘土あそびとテープはりで
お月見だんご

保育者が用意した三方（さんぽう）にビニールテープをはったり、紙粘土でおだんごを作ったりしてあそびましょう。おだんごは丸くならなくても大丈夫。個性豊かなお月見だんごが出来上がります。

準備
- 牛乳パックで作った三方
- ビニールテープ
- 紙粘土／子どもがちぎりやすい太さの棒状に丸めておく。

作り方　三方

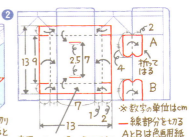

① 切り開く
② 表面に13cm角の色画用紙 中面に13cm角の色紙をはり、折り線どおりに折って角をはって盆を作る

カッターで切り色画用紙と写真をはる

※数字の単位はcm
― 線部分を切る
AとBは色画用紙をはってべろにし、①の内側にガムテープではる

せいさくあそび

step
1〜2歳

台紙からビニールテープをはがして三方の側面にはります。保育者が紙粘土をちぎり、丸めるところを見せ、子どもがまねをして丸めて三方に載せます。

jump
2歳〜

台紙からビニールテープをはがして三方の側面にはります。紙粘土をちぎって丸め、三方に並べます。

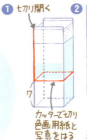

初めての紙粘土。小さな手で一生懸命丸めたよ！

三方は盆に切り込みを入れ、台のべろを差し込んで固定します。台の中に紙粘土を入れ、盆を逆さまにすればふたにもなります。

9月

綿ロープのスタンプで
コスモス畑

ペットボトルの底に綿ロープをはって作ったスタンプを押してあそびます。絵の具が乾いたら、花しんに見立てた丸シールとトンボの名札をはりましょう。

準備
- コスモスの花スタンプ
- スタンプ台／→P.11
- 色画用紙／八つ切りくらい。
- 丸シール
- トンボの名札／色画用紙と紙テープで作る。
- のり

作り方
コスモスの花スタンプ

- 直径6cmの段ボール板
- 綿ロープ
- 両面テープまたは接着剤ではる
- はる
- 輪にしたガムテープ
- 中央のへこみにガムテープをはり重ねた物を詰めて平らにする
- 350mlのペットボトル
- ビニールテープを巻く

せいさくあそび

step
1〜2歳

スタンプ台でコスモスの花スタンプに絵の具をつけ、色画用紙に押し付けます。色を変えて押してもいいでしょう。絵の具が乾いたら、スタンプした花に丸シールをはります。

jump
2歳〜

スタンプ台でコスモスの花スタンプに絵の具をつけ、色画用紙に押し付けます。絵の具が乾いたら、スタンプした花に丸シールをはり、保育者が用意したトンボの名札をのりではります。

2歳児 9月

シールはりとクレヨンがき、のりばりで
トンボ眼鏡

保育者が牛乳パックを切って作ったトンボの眼鏡の台紙を、シールやクレヨンで飾りましょう。色画用紙の羽にもクレヨンがきを楽しんだら、のりではって、トンボ眼鏡の出来上がり！

壁に飾ったり、散歩に持っていったり。トンボ眼鏡でのぞくと、特別な風景が見えるかもしれませんね。

準備

- 牛乳パックを切って作ったトンボ眼鏡の台紙
- 色画用紙の羽／4枚
- 丸シール
- クレヨン
- のり

作り方

① 切る
1000mlの牛乳パックの側面2面を切って2つ折りにした物
8.5cm
11cm
切り取る
② ①を広げて折る
③ 折る
④ 折って縁をセロハンテープではり留める

せいさくあそび

jump
2歳〜

好きな色の丸シールを選んで、トンボ眼鏡の台紙にはります。シールをはったトンボ眼鏡の台紙や羽に、好きな色のクレヨンで自由にかきます。羽の裏にのりを付け、台紙にはります。

9月

たんぽ押しで
ぺたぺたブドウ

ブドウの形に切った色画用紙に、たんぽで絵の具をつけてあそびます。たんぽの丸い跡が、ブドウの粒になって、おいしそうなブドウの出来上がり。

準備
・色画用紙のブドウ
・たんぽ
・絵の具／ゆるく溶いて口が広い、浅めの容器に入れておく。
・色画用紙の茎と葉
・のり

作り方　たんぽ

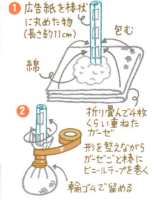

① 広告紙を棒状に丸めた物（長さ約11cm）／包む／綿

② 折り畳んで4枚くらい重ねたガーゼ／形を整えながらガーゼごと棒にビニールテープを巻く／輪ゴムで留める

葉に子どもの名前をかいて、壁などにはって飾りましょう。

せいさくあそび

hop 0〜1歳
たんぽに絵の具をつけ、ブドウの色画用紙に押します。

step 1〜2歳
たんぽに絵の具をつけ、ブドウの色画用紙に押します。絵の具が乾いたら、茎と葉にのりを付けて、裏にはります。

9月

丸いフェルトをはって
大粒ブドウ

フェルトの感触を楽しみながら、両面テープをはった色画用紙のブドウにくっつけてあそびましょう。フェルトは、台紙の色に合わせて同系色の濃淡で用意するときれいです。

子どもがあそんだ後、保育者が紙テープをはさみでしごいてカールさせたつるなどを付けて仕上げ、部屋に飾りましょう。

準備
- 色画用紙のブドウの台紙／紫系と黄緑系で用意して、両面テープをはっておく。
- 直径5cmの円に切ったフェルト
- 色画用紙の茎と葉
- のり

せいさくあそび

hop 0～1歳
保育者がブドウの台紙にはった両面テープのはく離紙をはがします。指先でつまんでフェルトの感触を楽しみ、フェルトをくっつけてあそびます。歩き始めの子には、手の届く壁面にブドウの台紙をはって、立って製作を楽しめるようにしても。

step 1～2歳
子どもが両面テープのはく離紙をはがし、好きな色のフェルトを選んで、フェルトの感触を楽しみながら、はっていきます。

jump 2歳～
両面テープのはく離紙をはがし、フェルトをはったら、色画用紙の茎と葉をのりではります。

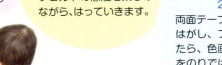

ポリロールを詰めて
ペットボトルブドウ

ペットボトルの細い口からポリロールを押し込むのは、子どもたちが大好きなあそびです。たくさん詰めたら丸シールをはって、ブドウを作りましょう。

ふたはビニールテープで巻き留めておきましょう。小枝を組んだブドウ棚からつるして飾るとすてきです。

ダイズやどんぐりを入れると、振ったときに音がする、楽しいマラカスブドウになります。

準備
- ペットボトル／350ml程度の小さい物。
- カラーポリロール／ペットボトルに入れやすいよう、扱いやすい大きさに切っておく。
- 丸シール
- ダイズやどんぐり

作り方

① 子どもがポリロールを詰めて丸シールをはった280〜350mlのペットボトル／ダイズ／入れてからふたをする

② 綿ロープ／ビニールテープを巻く／しっかり結ぶ／色画用紙／セロハンテープではる

せいさくあそび

step 1〜2歳
ポリロールの感触を楽しみ、ペットボトルの口から1枚ずつ指で押し込みます。たくさん入ったら、ペットボトルの周りに丸シールをはります。

jump 2歳〜
ポリロールの感触を楽しみ、ペットボトルの口から1枚ずつ指で押し込みます。たくさん入ったら、ダイズやどんぐりなどを入れてふたをし、周りに丸シールをはります。

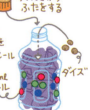

2歳児

 9月

フラワー紙を丸めて、はって
粒々ブドウ

フラワー紙をしっかり丸めてブドウの粒を作り、紙しんにはってあそびましょう。丸い粒がたくさん付いた、立体的なブドウの出来上がり!

色画用紙の葉と綿ロープを付けて小枝などに下げ、ナチュラルな感じに飾りましょう。

準備
- 紙しん／トイレットペーパーのしんなどで用意。
- フラワー紙／紫系と黄緑系など色味を分けて4色くらい用意。
- のり

せいさくあそび
jump
2歳〜

好きな色を選んでフラワー紙をしっかり丸め、ブドウの粒を作っておきます。丸めたフラワー紙をつまんでのりにちょんと付け、のりが付いた部分を紙しんに押し付けてはります。

10月

きれいな紅葉をまねしてみたり、落ち葉やどんぐりなど自然物を使ってみたり。深まる秋にぴったりなせいさくあそびをご紹介します。

ぬれたフラワー紙の感触を楽しんで
紅葉のれん

フラワー紙を水で湿らせ、感触を楽しんでみましょう。フラワー紙を色画用紙の葉の上に置き、たたいてあそびます。

準備
- フラワー紙
- 色画用紙の葉／保育者が手でちぎり、形や色もさまざまに用意する。
- 浅めのプラスチックケースやバット

作品はよく乾かして、ひもでつないでのれん風にし、壁面や窓辺に飾りましょう。

せいさくあそび

hop
0〜1歳

フラワー紙をケースに入れてあそんだ後、ケースのフラワー紙に保育者が霧吹きで水をかけます。湿ったフラワー紙の感触を楽しみながら、丸めたり、握ったりしてぐちゃぐちゃにし、色画用紙の葉に落として、たたいて押し付けます。

step
1〜2歳

好きな色のフラワー紙を選び、破いてケースに入れたら、保育者が霧吹きで水をかけます。ぬれたフラワー紙を細かくちぎって混ぜ、色画用紙の葉に置き、たたいて押し付けます。

色画用紙に押し付けたフラワー紙は、乾いても取れないように、フラワー紙の上から水溶きした木工用接着剤をたっぷりと塗ります。乾くとしっかりと定着します。

10月

フェルトペンのにじみ絵で
カキの紅葉

牛乳パックの表面のコーティングをはがした葉っぱに、フェルトペンでかいて水をつけ、2つ折りに。合わせ絵のようになって色が混じり合い、すてきな紅葉になりました。

準備

・牛乳パックを切ったカキの葉／葉の先からコーティングを少しはがしておく。
・フェルトペン
・水と筆
・カキの枝と実／保育者が色画用紙で用意しておく。実には写真と名前を付けておく。
・のり

色画用紙の幹に子ども一人一人の枝をはって飾ると、大きなカキの木が出来上がります。

せいさくあそび

step 1〜2歳

保育者が少しはがしておいた所から、葉っぱのコーティングをはがし、はがした後の白い面に、水性のフェルトペンがきを楽しみます。片面に筆で水を垂らし、2つ折りにして水をなじませ、にじませます。にじんだら開いて乾かします。

jump 2歳〜

葉っぱのコーティングをはがし、白い面にフェルトペンでかき、凸凹したかきごこちを楽しみます。片面に水を垂らしてから2つ折りにして色をにじませ、乾いたら保育者が用意した枝にカキの実と一緒にのりではります。

2歳児

10月

糸通しと絵の具で
押し葉の額絵

押し葉の台紙の穴に、毛糸を通して糸通しを楽しんだ後、絵の具を塗った段ボールの額にはって、すてきな額絵に仕上げます。

> 保育者が、額に毛糸を通した押し葉の台紙をはって仕上げます。裏にリボンを付け、壁に掛けて飾れるようにしました。

準備
- 押し葉の台紙／何色か用意する。
- 毛糸／穴に通しやすいように、片端にセロハンテープを巻いて硬くしておく。
- セロハンテープ
- 額
- 絵の具と筆／筆は色ごとに用意。

せいさくあそび

jump
2歳～

押し葉の台紙の裏に毛糸の端をセロハンテープではり留めてから糸通しを始めます。最後はまた裏側ではり留め、好きな色の毛糸で何回か繰り返します。段ボールの額に筆を使って絵の具を塗ります。

作り方

額
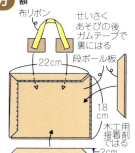
- 布リボン
- せいさくあそびの後ガムテープで裏にはる
- 段ボール板
- 22cm
- 18cm
- 木工用接着剤ではる
- 2cm

押し葉の台紙

- 色画用紙に木工用接着剤で押し葉をはり、余白を残して形に切り取る
- 周りにパンチで穴を開ける
- 落ち葉を新聞紙などで挟み、重しを載せて1週間ほど置いた物

フラワー紙を詰めて
ふかふかサツマイモ

透明なポリ袋にフラワー紙を詰めてあそびます。保育者が形を整え、ツルを付けてふかふかとしたサツマイモを作りましょう。

子どもたちのサツマイモは、葉っぱに名前を書いて、かごなどに盛って飾りましょう。

準備
・フラワー紙
・透明ポリ袋

作り方

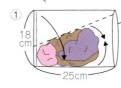

① 子どもがフラワー紙を詰めた透明ポリ袋
片方の端にフラワー紙を寄せ、サツマイモの形に整えながらセロハンテープではり留める

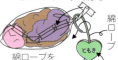

② 口を絞って折り返し、セロハンテープではる
綿ロープを引っ掛けて結ぶ
カラーガムテープをはり合わせた物
油性フェルトペンでかく

せいさくあそび

hop 0〜1歳
フラワー紙で「いない いない ばあ」あそびをしたり、破いたり、くしゃくしゃにしたりして感触を楽しみ、ヨーグルトなどの空き容器にセットしたポリ袋にお片付け。出したり、入れたりしてあそびます。
→ポリ袋のセットの仕方 P.7

step 1〜2歳
フラワー紙を丸めてポリ袋に詰めます。保育者が形を整え、綿ロープを結びつけます。

ク クレヨンがきとシールはりで
ゾウさんのお散歩バッグ

保育者が牛乳パックで作ったゾウさんのバッグに、クレヨンでかいたり、丸シールをはったりして飾ってあそびましょう。お散歩に持っていって、落ち葉やどんぐりを入れると楽しいですね。

準備
・ゾウさんのバッグ
・クレヨン
・丸シール
・目と口のシール／→P.11

作り方 ゾウさんのバッグ

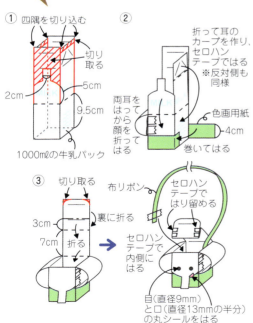

2歳児　10月

シール、テープはりと紙粘土で

ナチュラルマイ弁当

牛乳パックで作って用意した弁当箱を、丸シールやビニールテープで飾ってあそびます。
お散歩で拾った落ち葉や木の実などを紙粘土と一緒に詰めて、オリジナルのお弁当を作りましょう。

出来上がったらお弁当箱に名前を付け、ランチョンマットを敷いて飾ると楽しいですね。

準備

- 牛乳パックの弁当箱
- 丸シール
- ビニールテープ
- 紙粘土
- 落ち葉や小枝、どんぐり、マツカサなどの木の実

作り方　牛乳パックの弁当箱

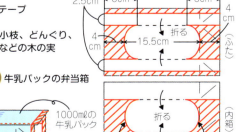

① 1000mlの牛乳パック　縁は切り取る
半分に切り、底は切り取って広げる

② 2.5cm／6cm／6cm／4cm／4cm／15.5cm　折る（ふた）
ふたより2mmくらい小さく切る（内箱）
折る

③ ふたも内箱も上図のように、左右の縁を曲げて、セロハンテープではり留める

※ ━ と ▨ は切り取り線

せいさくあそび

jump　2歳〜

好きな色の丸シールやビニールテープを弁当箱のふたにはります（内箱にはるとふたがしにくくなるので注意）。内箱に紙粘土を詰め、小枝や木の実を埋め込んだり、落ち葉やマツカサなどを入れたりしてあそびます。

2歳児

10月

折り紙とのりばりで
お弁当列車

色紙を三角に半分に折り、色画用紙をはったり、クレヨンでかいたりしていろいろな具のおにぎりを作りましょう。弁当箱に見立てた台紙にはって、おいしそうなお弁当の出来上がり！

準備
- 色紙／15cm角の白の色紙を1/4に切っておく。
- 丸、三角、四角に切った色画用紙
- 色画用紙の弁当箱
- クレヨン
- のり

せいさくあそび

jump
2歳〜

色紙を三角に折ってから開いて、具に見立てて好きな形の色画用紙をはったり、クレヨンでかいたりしておにぎりを作ります。色画用紙の弁当箱に作ったおにぎりをはります。おかずを色画用紙で作ったり、クレヨンでかいたりしてもいいでしょう。

のりをはったり、ふりかけをかいたりしたおにぎりの中身はうめぼしとおかか。卵焼きや野菜も添えました。

みんなのおにぎり弁当を、色画用紙で作った列車の荷台に載せて飾りました。

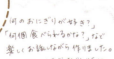

手形を押して
おててミノムシ

子どもたちの手形をとって切り取り、両手をはり重ねて、ミノムシのミノを作りました。顔を付けて毛糸でつるすと、かわいいミノムシさんになりました。

ミノムシやリンゴなどを中心に、秋から冬にかけて多く見かける自然物を作ってみましょう。実物や絵本などを見せて導入すると、作る楽しさも増しそうですね。

子どもたちのミノムシは小枝につるして飾りましょう。頭に押し葉をはってもかわいいですね。

準備
- 画用紙
- スタンプ台／3色くらいを用意。→P.11
- 色画用紙の顔
- 色画用紙の体
- 押し葉　・のり

せいさくあそび

hop
0〜1歳
スタンプ台にてのひらを押し付け、画用紙に手形をつけます。両手ともとりましょう。

step
1〜2歳
好きな色のスタンプ台で絵の具をつけ、画用紙に手形を押します。保育者が切り取った手形と顔を、色画用紙の体にのりではります。

jump
2歳〜
好きな色のスタンプ台で絵の具をつけ、画用紙に手形を押します。切り取った手形と顔、押し葉をのりではって、ミノムシを作ります。

作り方

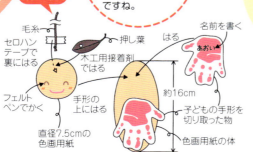

- 毛糸
- セロハンテープで裏にはる
- フェルトペンでかく
- 直径7.5cmの色画用紙
- 木工用接着剤ではる
- 押し葉
- はる
- 名前を書く
- 手形の上にはる
- 約16cm
- 子どもの手形を切り取った物
- 色画用紙の体

2歳児

紙テープはりとクレヨンがきで
紙コップミノムシ

保育者が用意した紙コップのミノムシに丸シールで目や口をはり、クレヨンでかいたり、紙テープをはったりしてあそびましょう。カラフルで楽しい作品が出来上がります。

11月

枝などに掛け、枝ごとつるして飾りましょう。所々に押し葉をはってもすてきです。

せいさくあそび

jump
2歳〜

紙コップのミノムシに目と口のシールをはります。紙コップにクレヨンで自由にかいた後、好きな色の紙テープを選んで、のりではります。

準備
・紙コップのミノムシ
・目と口のシール／→P.11
・クレヨン
・紙テープ／適当な長さに切っておく。
・のり

作り方

① 2つ折りにした色画用紙
切り取る
約12cm
約6cm　1cm

② 間に通す
毛糸
折り広げる
結んで輪にする
紙コップの底にはる

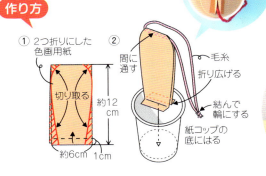

11月

シールはりとクレヨンがきで

スチロールキノコ

スチロール半球で作ったキノコに丸シールをはったり、クレヨンでかいたりして模様をつけてあそびましょう。カーブした面にはったり、かいたりと、紙とは違った感触が楽しめます。

準備
・スチロール半球のキノコ
・丸シール／年齢に合わせ、大きさを変えて用意しておく。
・クレヨン

作り方
①はさみで12等分に切り込む　約7mm
トイレットペーパーのしんを半分に切り、色画用紙をはった物
②切り込みを折り広げる
直径7cmのスチロール半球
スチロール用接着剤ではる

せいさくあそび

step
1～2歳
好きな色の丸シール（大きいサイズ）を選んでスチロール半球にはった後、クレヨンでかきます。

jump
2歳～
好きな色の丸シール（大、小混ぜて）を選んでスチロール半球にはった後、クレヨンでかきます。

色画用紙をはった空き箱のふたなどに穴を開けた台を用意して、キノコを差し込むと安定して飾れます。穴から出したり、差し込んだりしてあそんでもいいですね。

2歳児

🍁11月

押し葉をはって
おしゃれフクロウ

目やくちばしのシール、押し葉の羽をはって、クレヨンでかいてフクロウを作りましょう。ふんわりした羽がすてきな、おしゃれフクロウが出来上がります。

色画用紙をちぎって作った枝にとまらせて、壁面飾りに。

準 備
・色画用紙のフクロウ
・目とくちばしのシール
　／→P.11
・押し葉
・のり
・クレヨン

せいさくあそび

jump
2歳〜

顔に目とくちばしのシールをはります。押し葉にのりを付け、フクロウの体にはり、上から好きな色のクレヨンでかきます。

●押し葉の作り方
落ち葉を半紙や新聞紙などで挟み、本などの重しを載せて、1週間くらい置きます。

73

11月

毛糸を詰めて

ペットボトルリンゴ

ペットボトルの口から毛糸を詰めてあそびましょう。毛糸がいっぱい入ると、透明だったリンゴが、赤や黄色、緑のリンゴに早変わり!

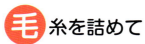

口から毛糸を押し込んだり、押し込んだ毛糸を引き出したり。細い口から押し込む作業はどの子も一度は「はまる」あそびです。

準備
- ペットボトルのリンゴ
- 毛糸／リンゴの色味の物を15〜20cmくらいに切って用意する。
- 茶色のビニールテープ／2cmくらいに切っておく。

作り方

ペットボトルの底の部分を切り取り、ビニールテープで切り口をカバーして柄と葉をはったリンゴでも楽しくあそべます。

せいさくあそび

hop
0〜1歳

ペットボトルの口から毛糸を指で押し込むように入れます。入れたり、出したりを楽しみましょう。

step
1〜2歳

好きな色の毛糸をペットボトルの口から詰め込みます。たくさん詰めてリンゴに色がついたら、口の部分にビニールテープをはります。

ク レヨンでかいて
紙カップリンゴ

ヨーグルトなどの紙カップの底の部分を切り取り、クレヨンで塗ってあそびましょう。縁があるので、カップ内でクレヨンを思い切り動かすだけで、色がきれいにつけられます。

色画用紙でリンゴの木を作り、子どもたちのリンゴを実らせて飾りました。

準備
・紙カップの底を切った物
・クレヨン
・色画用紙の柄と葉
・セロハンテープ

作り方

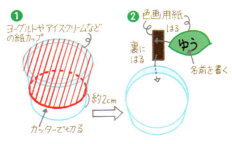

せいさくあそび

step
1〜2歳
紙カップの底に保育者が柄と葉をはって子どもに渡します。子どもは好きな色のクレヨンでぐるぐるとかいて色を塗ります。

jump
2歳〜
好きな色のクレヨンで紙カップにぐるぐるかいて色を塗ります。裏側に保育者と一緒にセロハンテープで柄と葉をはります。

はじき絵で
リンゴバッグ

牛乳パックで作ったリンゴに、クレヨンでかいてから絵の具を塗って、はじき絵をしてあそびましょう。布リボンを付けて、すてきなリンゴバッグが出来上がります。

子どもたちの作品は色画用紙で作った木にはり、壁面に飾りましょう。

準備
- 牛乳パックのリンゴ
- クレヨン
- 絵の具と筆／はじきやすいように薄めに溶いておく。
- 布リボン
- セロハンテープ

作り方

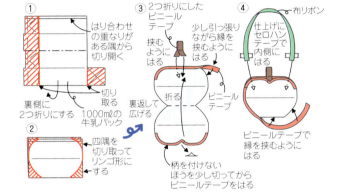

① 裏側に2つ折りにする／はり合わせの重なりがある隅から切り開く／切り取る／1000mlの牛乳パック

② 四隅を切り取ってリンゴ形にする

③ 2つ折りにしたビニールテープ挟むようにはる／少し引っ張りながら縁を挟むようにはる／折る／裏返して広げる／ビニールテープ／柄を付けないほうを少し切ってからビニールテープをはる

④ 布リボン／仕上げにセロハンテープで内側にはる／ビニールテープで縁を挟むようにはる

持ち手の布リボンは、丸めて葉に見立ててセロハンテープで仮留めしておきます。余りは内側に入れておきましょう。

せいさくあそび

step 1～2歳
表面に好きな色のクレヨンでかき、上から、絵の具を塗ります。

jump 2歳～
裏と表に好きな色のクレヨンでかき、上から絵の具を塗って、クレヨンの線が出てくるのを楽しみます。仕上げに、保育者と一緒に布リボンをセロハンテープではりましょう。

77

フ フラワー紙を丸めてはって
シクラメンの鉢植え

フラワー紙を破ったり、丸めたりして、紙皿にはってあそびましょう。
葉や鉢をはって、すてきな鉢植えに仕上げます。

子どもたちの作品に保育者が色画用紙の鉢と布リボンを付けて仕上げます。保育室に飾った後は、お家でも飾ってもらえるといいですね。

鮮やかなシクラメンや鳥たち、クリスマスのリースやツリーなど、保育室を華やかに飾ってくれるせいさくあそびを楽しみましょう。

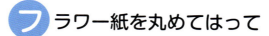

準備
・フラワー紙
・紙皿／半分に両面テープをはっておく。
・色画用紙の葉
・のり

せいさくあそび

hop
0〜1歳
フラワー紙を破いたり、丸めたりして感触を楽しみます。保育者が両面テープのはく離紙をはがし、子どもは紙皿にあそんだフラワー紙をはります。

step
1〜2歳
フラワー紙であそんだら、両面テープのはく離紙をはがして紙皿にはり、色画用紙の葉をのりではります。

作り方

※表記以外の材料はすべて色画用紙

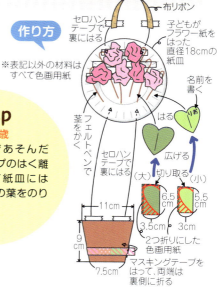

毛糸をはって ふくらスズメ

カラー工作紙のスズメの体にでんぷんのりを塗ってから、細かな毛糸を振りかけるようにしてはってあそびましょう。羽毛を膨らませて、丸くなった、ふわふわのスズメが出来上がります。

出来上がったスズメは、壁面に張り渡したロープを電線に見立て、並べて飾るとかわいくて楽しい飾りになります。

準備
・カラー工作紙のスズメの体
・細かく切った毛糸／色ごとに分けて箱に入れておく。
・色画用紙のスズメの顔
・のり

作り方

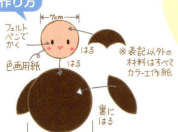

※表記以外の材料はすべてカラー工作紙

せいさくあそび

step
1〜2歳
スズメの体にのりを塗ります。毛糸をはる前にぬれタオルなどで手に付いたのりはふき取っておきます。好きな色の毛糸を指でつまんで載せ、手で押さえてはります。

jump
2歳〜
スズメの体に、顔をのりではります。体にのりを塗り、手ののりをふき取ったら、好きな色の毛糸を指でつまんで載せ、手で押さえてはります。

押し葉をはって
おしゃれなカモ

色画用紙のカモの体に、羽毛に見立てた押し葉をはったり、クレヨンでかいたりしてあそびましょう。子どもたちが拾った葉っぱを、押し葉にしておいて使ってもいいですね。

- 色画用紙のカモ／小さい子には体に両面テープをはって用意する。
- 押し葉
- クレヨン
- フェルトペン
- のり

できた！

●押し葉の作り方
落ち葉を半紙や新聞紙などで挟み、本などの重しを載せて、1週間くらい置きます。

壁面を池に見立てて、出来上がったカモをはりましょう。色画用紙の波紋を付けると池の中をすいすい進んでいるみたいですね。

せいさくあそび

step
1〜2歳
両面テープのはく離紙をはがし、押し葉をはります。はった押し葉の上や、色画用紙の空いた部分に、好きな色のクレヨンでかきます。

jump
2歳〜
フェルトペンでカモに目をかき込みます。押し葉にのりを付けて、カモの体にはります。押し葉の上や、色画用紙の空いた部分に好きな色のクレヨンでかきます。

★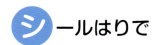

シールはりで
牛乳パックリース

牛乳パックで作った放射状の丸い土台にカラフルにシールをはってあそびましょう。
真ん中に子どもの写真をはって、かわいいクリスマスリースの出来上がり。

準備
- 牛乳パックで作ったリース
- 丸シール／大小さまざまな大きさ、色を用意。
- 毛糸

作り方

① 切り取る
折り山から折り線まで、はさみで12等分に切り込む
1000mlの牛乳パックを切り開き底を切り取った2面を中表に2つ折りにする
カッターの背などで折り筋をつけて山折りにする ※裏側も同様
1.5cm

② 切り取る
ここに端から端まで両面テープをはって、上の折った部分をはり合わせる

③ 1本ずつ軽く折ってカーブさせる
②で付けた両面テープで反対側の内側にはって輪にする

色画用紙にはった子どもの顔写真を裏からセロハンテープではる
名前は子どもの作業の後に書く

せいさくあそび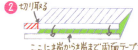

hop
0〜1歳
台紙から丸シールをはがしてリースにはります。大きなサイズの丸シールから挑戦します。はがしにくそうにしていたり、はりにくそうにしている場合には保育者が手伝いましょう。

step
1〜2歳
好きな色の丸シールを何色か選んでリースにはります。小さなサイズの丸シールにも挑戦してみましょう。最後にリースの1か所に毛糸を通します。

82

2歳児

12月

毛糸を巻いて
あったかセーターグマ

段ボール板のクマに色とりどりの毛糸を巻き付けてあそびます。「クマさん、はだかで寒そうだから、毛糸のあったかセーターを着せてあげようね」などと言葉かけをしてみましょう。

準備

- **段ボール板のクマ**／両肩、両わき、股に切り込みを入れ、顔はかいておく。
- **毛糸**／さまざまな色の太めの毛糸を約30cmの長さに切っておく。

せいさくあそび

jump
2歳〜

毛糸の巻き始めを、5か所の切り込みのいずれかに引っ掛けて、クマの体に巻き付けたら、切り込みに引っ掛けて巻き終わります。好きな色を1本ずつ順に巻き、好きなだけ繰り返します。

色画用紙で作った輪にはって、リース風に飾りましょう。小さなリボンを添えて、クリスマスはもちろん、その後もしばらく飾っておけそうな華やかな飾りになりました。

テープとシールをはって
段ボールツリー

三角に切った段ボール板のツリーに、いろいろな柄のマスキングテープや丸シールをはってあそびましょう。カラフルで華やかなツリーが出来上がります。

12月

一人一人のツリーを三角に積み重ねるように並べると、大きなツリーのように見えて、すてきに飾れます。

準備
- 段ボール板を三角に切ったツリー
- マスキングテープ／いろいろな柄の物を少し長めに切って用意する。
- 丸シール／大小さまざまな大きさ、色を用意する。
- 幹と星／カラー工作紙を切っておく。
- のり

せいさくあそび

step
1〜2歳
セロハンテープとは違ったマスキングテープの触り心地を楽しみながら、少し長めのテープをはることに挑戦。丸シールをはり重ねます。

jump
2歳〜
マスキングテープと丸シールをはってツリーを飾ります。カラー工作紙の幹と星をのりではり、ツリーを完成させます。

84

2歳児

12月

パッチン切りした色紙をはって
紙コップツリー

紙コップのツリーをきらきらに飾ってあそびましょう。細長く切って用意したきらきら色紙を、はさみで「パッチン」と1回で切ることにチャレンジします。

準備
・紙コップ
・フェルトペン
・きらきら色紙／幅1.5〜2cm程度の太さで用意。
・はさみ
・のり
・丸シール

作り方
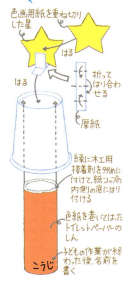

思い思いに飾られたツリーは、保育者が星や幹を付けて、棚の上などに置いて飾りましょう。

せいさくあそび jump
2歳〜

紙コップにフェルトペンでかいて色をつけます。きらきら色紙をはさみでパッチンと1回切りし、のりではります。最後に丸シールもはって飾ります。

フ ェルトペンがきで
ぽつぽつミカン

色画用紙のミカンに「ぽつぽつ、てんてん」と言葉かけをしながらフェルトペンでかいた跡は、ミカンの皮の模様みたい。フェルトペンなら、筆圧が弱くても跡がついて楽しめます。

みんなのミカンは色画用紙で作ったかごに入れて壁面に飾りましょう。「おいしそうだニャン！」とネコも添えました。

冬ならではの体験を生かした作品作りに挑戦！ 子どもたちの成長も著しいこの時期、お部屋でじっくり取り組めるように、難易度もちょっぴりアップしてご紹介します。

準備
- 色画用紙のミカン／丸く切って用意する。
- フェルトペン
- 色画用紙のヘタ
- のり

せいさくあそび

hop 0～1歳
色画用紙のミカンにフェルトペンでかきます。

step 1～2歳
色画用紙のミカンにへたをのりではってから、フェルトペンで点々をかきます。

スチレンスタンプで 雪の結晶

紺色の色画用紙にはった雪だるまにシールをはったり、スチレンスタンプで雪の結晶を押したりしてあそびましょう。すてきな雪景色の作品が出来上がります。

作品を壁にはるときは、隣同士の高さを合わせずに、ずらしてはると、動きが出て楽しい飾りになります。

準備

- 雪だるまの台紙／紺色の色画用紙に、白い色紙の丸を2つ重ねてはり、雪だるまを作っておく。
- スチレンスタンプ
- スタンプ台／→P.11
- ボタンの丸シール
- 目と口のシール／→P.11
- バケツの帽子／色画用紙を台形に切って作る。
- のり

作り方 スチレンスタンプ

ペットボトルのふたを2個ずつ合わせてビニールテープで巻いた物を3個つないでビニールテープではる

両面テープではる

スチレン皿を丸く切る　ようじでひっかいたりしてへこませる　切り取る

せいさくあそび

jump
2歳〜

雪だるまの顔に目と口、体にボタンの丸シールをはり、バケツの帽子をのりではってかぶせます。スチレンスタンプを押して雪を降らせます。

step
1〜2歳

雪だるまの目と口、バケツの帽子は保育者がはって用意します。雪だるまの体に、ボタンの丸シールをはってから、スチレンスタンプを押します。

フラワー紙をちぎって、詰めて
レジ袋雪だるま

フラワー紙を破いたり、ちぎったりして感触を楽しんだら、小さなレジ袋に詰めてあそびましょう。保育者が形を整え、雪だるまに仕上げます。

できた！

結んだ持ち手部分をマフラーに見立て、先端に丸シールをはって名前を書きました。雪をイメージして、白いタオルを敷いて飾ってもいいですね。

準 備
- フラワー紙
- 小さなサイズのレジ袋／裏返しておく。
- ボタンの丸シール
- 目と口のシール／→P.11
- バケツの帽子／カラーガムテープで作る。

せいさくあそび

hop
0～1歳

フラワー紙を1枚ずつ手渡し、破ったり、放り投げたりしてあそびます。保育者が端を少し裂いて渡すと破りやすいでしょう。あそんだフラワー紙をレジ袋に詰めたら、保育者が形を整えて顔を作り、子どもがボタンの丸シールをはって仕上げます。

step
1～2歳

フラワー紙を破ったり、放り投げたりしてあそんだ後、レジ袋に詰めます。保育者が形を整え、帽子をはったら、子どもが目と口、ボタンの丸シールをはって仕上げます。

jump
2歳～

フラワー紙を破ったり、放り投げたりしてあそんだ後、レジ袋に詰めます。保育者が形を整えたら、子どもが目と口、ボタンの丸シールをはり、バケツの帽子もはります。

作り方

① 裏返したレジ袋に子どもがフラワー紙を詰めた物／結ぶ／裏返しておくと角が丸くなる

② 持ち手で袋を2等分するように縛る

③ カラーガムテープ／直径9mmの丸シール／直径20mmの丸シールの2／直径20mmの丸シール／油性フェルトペンでかく／2回結ぶ

スタンプとシールはりで
ほかほか帽子＆手袋

リンゴなどを包むパッキングネットで作ったスタンプを、色画用紙に押してあそびましょう。
編み目模様ができて、毛糸で編んだみたいな帽子と手袋が出来上がります。

切り紙の雪の結晶と一緒に、壁面飾りにしました。

準備

- **色画用紙**／手袋と帽子の形をかいた、B5大の薄い色の物を何色か用意する。
- **パッキングネットのスタンプ**
- **スタンプ台**／→P.11
- **丸シール**
- **紙皿**／子どもの写真をはっておく。
- **のり**

せいさくあそび

step
1〜2歳

パッキングネットのスタンプにスタンプ台で色をつけ、色画用紙にかいた手袋や帽子に押します。絵の具が乾いたら丸シールをはりましょう。

jump
2歳〜

色画用紙にかいた手袋や帽子に、パッキングネットのスタンプを押して編み目模様をつけ、絵の具が乾いたら丸シールをはります。保育者が切り取った帽子や手袋にのりを付けて、紙皿にはります。

作り方 パッキングネットのスタンプ

① ティッシュペーパー3〜4枚を丸めた物／パッキングネット／入れる
② 網目を広げながら2つに折る
③ 余分は切る／ビニールテープをきつく巻いて持ち手にする

 2歳児

 1月

毛糸を通して
あったかセーター

セーターの台紙の穴に、いろいろな色の毛糸を通してあそびます。毛糸の色の選びや通し方に一人一人の個性が出て、すてきなセーターが揃いました。

出来上がった作品に、子どもの写真や色画用紙の手袋を付けて飾りました。紙テープを重ねばりした雪の結晶や、色画用紙の雪玉を添えると楽しい飾りになるでしょう。

準備
- セーターの台紙／何色か用意して子どもが好きな色を選べるようにする。
- 毛糸／太めの物を約30cmに切り、片端にセロハンテープを巻いて硬くしておく。
- セロハンテープ

作り方

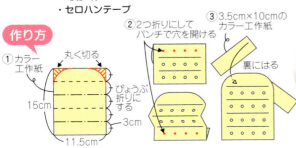

せいさくあそび
jump
2歳〜

好きな色のセーターの台紙を選びます。裏に毛糸の端をセロハンテープではってから穴に通して糸通しを楽しみ、最後はまた裏にセロハンテープではり留めます。好きな色の毛糸で何回か繰り返しあそびます。

1歳児 1月

シールとビニールテープはりで
シロクマの小物入れ

牛乳パックのシロクマに顔を付けたり、ビニールテープをはったりしてあそびましょう。
牛乳パックの内側の白を生かした、かわいい小物入れです。

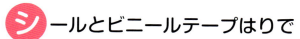

エアパッキングを敷いて、氷の上に座っているように飾りました。

準備
・牛乳パックのシロクマ
・目と口、鼻、耳のシール
　／→P.11
・ビニールテープ

作り方
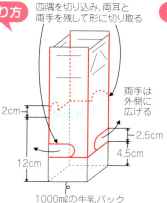
四隅を切り込み、両耳と両手を残して形に切り取る
両手は外側に広げる
2cm　2.5cm　4.5cm　12cm
1000mlの牛乳パック

せいさくあそび
step
1〜2歳
牛乳パックのシロクマの顔に目、口、鼻、耳のシールをはり、体にビニールテープをはります。

1月

毛糸や色画用紙をはって
あったかラーメン

どんぶりにフェルトペンで模様をかき、毛糸の麺をはったら、色画用紙の具材をトッピング。みんなの大好きなラーメンを作ってあそびましょう。

子どもたちのおいしそうなラーメンの出来上がり！ 湯気に見立てた画用紙の吹き出しに名前を書いて添えました。

準備

- **色画用紙のどんぶり**／色画用紙で作ったどんぶりに、両面テープをはっておく。
- **フェルトペン**
- **毛糸の麺**／中太くらいの毛糸を約30cmに切っておく。
- **色画用紙の具**／卵、なると、のり、メンマなどを色画用紙でかいたり切ったりして作っておく。
- **のり**

せいさくあそび

jump
2歳〜

どんぶりにフェルトペンで模様をかき、両面テープのはく離紙をはがして毛糸の麺をはります。具の色画用紙にのりを付け、毛糸の麺の上にはります。

足形と指はんこで
にこにこおにさん

スタンプ台を使って足形をとったり、おにのパンツに指はんこを押したりしてあそびましょう。4月のころの足形と比べて「大きくなった」が実感できる、記念の作品にもなりますね。

おにの色と足形の色を揃えて、かわいいおにの子ちゃんの出来上がり。

節分のおにや、ビオラ、ヒヤシンスなど早春のお花を作ってあそびましょう。節分などの行事への気持ちも、製作を通して、盛り上げていけるといいですね。

準備
- 画用紙
- スタンプ台／→P.11
- 色画用紙のパンツ
- 色画用紙のおに／顔をかき、つの、毛糸の髪をはって用意する。
- のり

せいさくあそび

hop 0〜1歳
足に絵の具をつけ、画用紙に押して足形をとります。色画用紙のパンツに指はんこを押します。
→足形のとり方 P.7

step 1〜2歳
スタンプ台で絵の具をつけ、足形をとり、色画用紙のパンツに指はんこを押してあそびます。パンツと保育者が切った足形を、おにのりではります。
→足形のとり方 P.8

フラワー紙詰めとシールはりで
おにさんマラカス

フラワー紙を丸めて透明なプラスチックコップに詰めてあそびましょう。
保育者がおにさんマラカスに仕上げてから、シールはりも楽しみます。

準備
- フラワー紙
- 透明プラスチックコップ
- 丸シール
- 目と鼻、口、ほほのシール／→P.11

作り方

せいさくあそび

hop
0〜1歳
フラワー紙を1枚ずつ渡し、丸めて透明コップに入れます。保育者がおにさんマラカスに仕上げたら、コップに丸シールはりを楽しみます。

step
1〜2歳
フラワー紙を1枚ずつ丸め、透明コップに入れます。保育者がおにさんマラカスの形を作ったら、目や鼻、口、ほほのシールと丸シールをはります。

鈴を入れてカラー工作紙でふたをした紙カップを、フラワー紙を詰めた透明なコップの上に載せてビニールテープでしっかりはり合わせます。振ると音がして楽しいマラカスになります。

ク レヨンがきとテープはりで
おにさん帽子

細長い不織布にクレヨンでかいたり、マスキングテープをはったりしてあそびましょう。保育者が帽子に仕上げて、かぶってあそべるのも楽しいですね。

できた！

2月

準備
- 細長い不織布／カラー工作紙のしんを付けて、何色か用意しておく。
- クレヨン
- マスキングテープ
- 目と鼻のシール／→P.11

作り方

① 裏に折ってセロハンテープで仮留めして子どもに渡す
- 横40cm×縦25cmの不織布
- 両面テープをはり、折り上げる
- 幅4cm×長さ45cmのカラー工作紙
- 約7mm幅に折って何か所かセロハンテープではる

② 子どもがせいさくあそびをした後、上部を広げ、輪にして絞り、ビニールテープを巻いて角にする
- マスキングテープをはって名前を書く
- 輪ゴムを挟んで折り、ホッチキスの針先を表に出して留める 針先にはセロハンテープをはる

平らな状態で子どもが製作した後、保育者が上部を絞って帽子に仕上げます。棚に並べて飾りましょう。

 せいさくあそび

step
1〜2歳
不織布に保育者が目と鼻をはっておく。子どもは好きな色の不織布とクレヨンを選んでかき、マスキングテープを自由にはります。

jump
2歳〜
好きな色の不織布を選び、目と鼻のシールをはります。好きな色のクレヨンでかいた後、マスキングテープをはります。

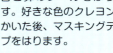

ク レヨンがきとシールはりで
おにさん色眼鏡

目を切り抜いてカラーセロハンをはった牛乳パックのおにさん色眼鏡に、クレヨンで色を塗ってあそびましょう。

*2月

おにさん色眼鏡は軽く2つ折りにして立たせ、棚の上などに並べると、あそびたいときにすぐに取ることができます。

準 備

- 牛乳パックのおに／目を切り抜いて、裏面の周りに両面テープをはっておく。
- 口と鼻のシール／→P.11
- クレヨン
- カラーセロハン

作り方　牛乳パックのおに

500mlまたは1000mlの牛乳パックを切り開いて2面を使う

切り取る
切り込んで直径3.5cmの円に切り抜く

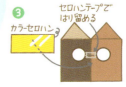

セロハンテープではり留める
カラーセロハン

せいさくあそび

step
1~2歳

口と鼻のシールを、牛乳パックのおにの白い面にはります。好きな色のクレヨンを選び、色を塗ります。目のカラーセロハンは保育者がはります。

jump
2歳~

牛乳パックの目の周りにはった両面テープのはく離紙をはがして、保育者と一緒にカラーセロハンをはってみましょう。口と鼻のシールを、牛乳パックのおにの白い面にはり、好きな色のクレヨンで自由に塗ります。

2歳児

✳ **2月**

ク レヨンがきとテープはりで
おにさんバッグ

色画用紙を巻いた牛乳パックに丸シールで顔を付け、クレヨンでかいたり、ビニールテープをはったりして、かわいいおにさんバッグを作りましょう。豆まきあそびにも使えます。

色紙を丸めて豆に見立てて作り、バッグに入れて豆まきあそびをしてもいいでしょう。

準備
- 牛乳パックのバッグ／3色くらい用意。
- 目と口、鼻のシール／→P.11
- クレヨン
- ビニールテープ

作り方　牛乳パックのバッグ

① 持ち手部分を残して切り込み、上部を切り取る
　2cm／2cm／9cm　手前は三角に切って角にする　1000mlの牛乳パック

② 2本を少し重ねてビニールテープを巻く
　折る　色画用紙を巻いてはる

せいさくあそび

jump
2歳〜

好きな色のバッグを選び、目と口、鼻のシールをはります。クレヨンでひげや髪の毛をかいて楽しんだ後、ビニールテープをはります。

2月

フラワー紙を丸めてはって
ビオラの花かご

紫と黄色、2色のフラワー紙を重ねて丸め、紙皿のかごにはってあそびましょう。すてきな花かごが出来上がります。

準備
- フラワー紙／紫と黄色の2色を1/4の大きさに切っておく。
- 紙皿のかご／真ん中を半分切り抜き、残り半分には両面テープをはっておく。
- 色画用紙の葉
- のり

出来上がった花かごには、保育者がリボンを結んでちょっぴりおめかし。春らしい優しい雰囲気で柄布の上に飾りました。

せいさくあそび

step 1〜2歳

2色のフラワー紙を1枚ずつ取って重ね、2枚一緒に丸めます。かごにはった両面テープのはく離紙をはがし、丸めたフラワー紙をはり付けます。

jump 2歳〜

2色のフラワー紙を1枚ずつ取って重ね、2枚一緒に丸めます。かごにはった両面テープのはく離紙をはがし、丸めたフラワー紙をはり付けます。色画用紙の葉にのりを付け、空いている縁の部分にはります。

2歳児

※ **2**月

スタンプを押して
ヒヤシンスの鉢植え

色画用紙に、ヒヤシンスの花のスタンプをぺたぺた押してあそびましょう。
きれいな跡がつくと、スタンプあそびがもっと楽しくなります。
スタンプはスチレン皿を切って作りました。

準備

- **色画用紙**／約27×13cm
 （四つ切りの色画用紙を6等分した大きさでだ円に切って、赤系と青系を用意する。）
- ヒヤシンスのスタンプ
- スタンプ台／→P.11

作り方　ヒヤシンスのスタンプ

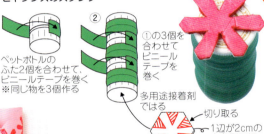

① ペットボトルのふた2個を合わせて、ビニールテープを巻く
※同じ物を3個作る

② ①の3個を合わせてビニールテープを巻く

多用途接着剤ではる

切り取る
1辺が2cmの六角形に切ったスチレン皿

せいさくあそび

jump
2歳〜

ヒヤシンスのスタンプにスタンプ台で絵の具をつけ、色画用紙に押します。繰り返して、たくさん押しましょう。

絵の具が乾いたら、くるっと丸めて立体に。色画用紙の茎と葉、鉢をを付けて壁にはって飾りましょう。

折り紙をして 千代紙びな

感触を楽しみながら、千代紙の2つ折りに挑戦！ どんな形になっても大丈夫。台紙にはって仕上げたら、自分だけのすてきなひな飾りの出来上がり！

たくさんのことを経験し、子どもたちもいろいろなことができるようになってきました。おひなさまや、春を感じるモチーフを取り入れて、充実したせいさくあそびを楽しみましょう。

準備
- 千代紙／子どもが手を広げた大きさくらいが扱いやすいので、約10cm角に切っておく。
- 丸シール
- 写真／顔の部分を丸く切り抜いた物。
- おひなさまの顔／色画用紙で作る。
- 色画用紙の冠、えぼし、扇、しゃく
- のり ・フェルトペン
- カラー工作紙の台紙

作り方

❶ 切り取る　約22cm　カラー工作紙　約18cm　約4cm　折る　子どもが2つ折りにした千代紙をはる

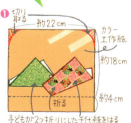

❷ 布リボン　セロハンテープで裏にはる　直径5cmの画用紙にかく　はる　はる　子どもの顔写真　色画用紙をはって両わきを挟むようにセロハンテープではる

※表記以外の材料は色画用紙

せいさくあそび

hop 0〜1歳
千代紙を2つ折りにします。保育者が子どもの写真やおひなさまの顔などを付けて仕立て、子どもが丸シールをはって飾ります。

step 1〜2歳
千代紙を2つ折りにしたら、保育者が台紙にはります。子どもが顔をはっておひなさま作り、丸シールで飾ります。保育者が冠やえぼしなどの小物をはって仕上げましょう。

jump 2歳〜
千代紙を2つ折りにしたら、保育者が台紙にはります。子どもがフェルトペンでおひなさまの顔をかき、写真、冠やえぼしなどの小物と一緒にのりではります。丸シールをはって飾ります。

フェルトペンでかいて
マラカスびな

フェルトペンがきを楽しんだ色画用紙をペットボトルに巻き付けて、おひなさまを作りましょう。ペットボトルにはコメやダイズなどを入れて、マラカスとしてあそべるようにしました。

準備
- 色画用紙／ペットボトルに巻ける大きさを何色か用意する。
- フェルトペン
- 目と口のシール／→P.11
- ペットボトル／小さめのサイズ。
- 色画用紙の扇としゃく
- のり
- コメやダイズ
- セロハンテープ

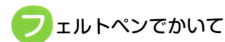

子どもたちの様子に合わせて、おびなとめびな両方を作ったり、片方だけにしたりと調整できるといいですね。

作り方　おびな

ダイズなどを入れ、ふたをして白のビニールテープを巻いた後青のビニールテープをはる

ビニールテープ

直径9mmの丸シール

直径13mmの丸シールの半分

巻いてセロハンテープではり留める

はる

子どもがかいた色画用紙

色画用紙

マスキングテープ　はやと　280〜350mlのペットボトル　名前を書く

※めびなも同様にして作る

せいさくあそび

hop 0〜1歳
好きな色の色画用紙を選び、好きな色のフェルトペンで自由にかきます。

step 1〜2歳
好きな色の色画用紙を選び、好きな色のフェルトペンで自由にかきます。保育者がコメやダイズを入れてふたをし、色画用紙を巻き付けます。子どもが目と口のシールや、扇やしゃくをはって仕上げます。

jump 2歳〜
好きな色の色画用紙を選び、フェルトペンで自由にかいてから、保育者と一緒にペットボトルに巻き付け、セロハンテープで留めます。コメやダイズを入れてふたをし、保育者がふたをビニールテープで巻き留めた後、目と口のシール、扇やしゃくをはります。

千代紙をちぎってはって
紙カップびな

紙カップを切り込み、折り開いて作った体に顔を付け、ちぎった千代紙をはって作りましょう。すてきな着物のおひなさまが出来上がります。

準備
- 紙カップのおひなさまの体
- 千代紙／ちぎりやすいように2cm幅の帯状に切って用意。
- 目と口のシール／→P.11
- 色画用紙のしゃく、扇、えぼし、冠
- のり

せいさくあそび

step
1〜2歳
おひなさまの顔に目と口のシールをはります。千代紙をちぎって、体にのりではります。

布リボンを付けると、バッグのように提げて持ち帰れます。家では掛けて飾れるので便利です。

jump
2歳〜
おひなさまの顔に目と口のシールをはります。千代紙をちぎって、体にのりではり、しゃくや扇、えぼし、冠をはって仕上げます。

作り方

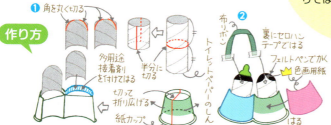

 2歳児

 3月

合わせ絵（デカルコマニー）で
牛乳パックのおひなさま

2つ折りにした画用紙の片側に絵の具をつけ、もう一度折って絵の具を写し取る"合わせ絵"の技法を使ったおひなさまです。絵の具あそびを楽しみましょう。

準備
- 画用紙／14cm×10cmを2枚、2つ折りにしておく。
- 絵の具と筆／濃いめに溶く。
- おひなさまの顔とえぼし、冠／色画用紙で切っておく。
- フェルトペン
- のり

作り方

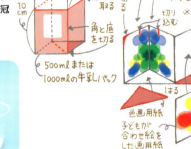

せいさくあそび

jump
2歳〜

2つ折りにした画用紙を開き、片側に筆で絵の具をつけます。もう一度2つ折りにして紙の上から手でこすり、絵の具を写し取ります。色画用紙の顔にフェルトペンで目や口をかき、えぼしと冠をのりではります。

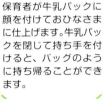

保育者が牛乳パックに顔を付けておひなさまに仕上げます。牛乳パックを閉じて持ち手を付けると、バッグのように持ち帰ることができます。

2歳児

千代紙をちぎってはって
ゆらゆらびな

繊維のある和紙の千代紙をちぎってあそびましょう。色紙とは違った感触が楽しめます。紙コップにはって、すてきなおひなさまを作りましょう。

準備
- カラー紙コップ／口をつぶしてセロハンテープではり留めておく。
- 千代紙／ちぎりやすいように2cmくらいの幅に切って用意。
- 丸い色画用紙
- フェルトペン
- 色画用紙のえぼし、冠、しゃく、扇
- のり

せいさくあそび
jump
2歳〜

丸い色画用紙にフェルトペンで顔をかきます。千代紙をちぎり、裏にのりを付けて紙コップにはります。たくさんはれたら、顔をはり、えぼしや冠、しゃくや扇をのりではります。

指はんこで
すいすいメダカ

スタンプ台を使って、色画用紙のメダカに指はんこを押してあそびましょう。裏にも同じように押すと、窓にはったときに外から見ても楽しい飾りになりますね。

窓を川に見立ててメダカを泳がせました。マスキングテープをはって、小川の流れを表現しても。

準備
- 色画用紙のメダカ／ひれや口は油性フェルトペンでかいておく。
- スタンプ台／→P.11
- 色画用紙の目
- のり

せいさくあそび

hop
0〜1歳
スタンプ台に指を押し付けて絵の具をつけ、色画用紙のメダカに押します。裏表に押して模様をつけましょう。

step
1〜2歳
色画用紙の目にのりを付けて、メダカにはります。裏側も同様にはり、スタンプ台で絵の具をつけて、裏表に指はんこを押します。

のり付けとシールはりで
ぺたぺた菜の花

菜の花の形に切った色画用紙に、小花に切った色紙や丸シールをはってあそびましょう。華やかな作品に仕上がります。

準備
- 色画用紙の菜の花／B5大の色画用紙を雲形に切っておく。
- 色紙の小花
- のり
- 丸シール
- 色画用紙の茎／葉を付けて用意する。

作り方　色紙の小花
❶ 折る　色紙を重ねた物
❷ 折る
❸ 切り取って広げる

せいさくあそび

step　1～2歳
のりを指に取り、小花の裏に付けて、色画用紙の菜の花にはります。丸シールを小花の上にはります。

jump　2歳～
のりを指に取り、小花の裏に付けて、色画用紙の菜の花にはり、丸シールを小花の中心になるようにはります。最後に茎をのりではって出来上がり。

子どもたちの作品で壁面を飾りましょう。保育室が春らしさいっぱいの菜の花畑に！

2歳児

はさみの一回切りで

にこにこタンポポ

細長い色画用紙にはさみでパッチン、パッチンと切り込みを入れて、一回切りを楽しみましょう。細くなっても、斜めになっても大丈夫。くるくる丸めてタンポポに仕上げます。

タンポポの中心に子どもの写真をはって飾りましょう。保育室に明るい笑顔が広がります。

準備
- 色画用紙2枚／6×20cmくらいの色画用紙を横に細長く2つ折りにして折り筋を付ける。
- はさみ

せいさくあそび

jump
2歳～

色画用紙を持ち、はさみでパッチンと切り込みます。色画用紙を半分に折り上げて、はさみの先端が折り上げた部分に当たったら切るといいでしょう。

少し折った状態で切り込むと、はさみの頭が折り筋で止まるので、切り落としてしまうことが少なくなります。

作り方

❶ 2枚目も重ねて輪にする／輪にしてセロハンテープではる

❷ 子どもの顔写真／直径9cmのカラー工作紙／底にはる／セロハンテープではり留める／書く／裏にはる色画用紙

できた！

切り込みを入れた色画用紙を輪にして2枚重ね、カラー工作紙の台紙にはってタンポポを作ります。折り筋で花びらを折り広げて形を整えましょう。

布リボンを付けてペンダントに。お持ち帰りやプレゼントにぴったりです。

編著

「あそびと環境0.1.2歳」編集部
リボングラス

staff

- 表紙・カバーデザイン・イラスト／長谷川由美
- 本文デザイン／長谷川由美　千葉匠子
- 製作／会田暁子
- イラスト／たかぎ*のぶこ　高橋美紀
- 製作アイディア／リボングラス
- 撮影／グッドモーニング（戸高康博　櫻井紀子）
- モデル／クラージュ・キッズ　スペースクラフト・ジュニア
  　　　　　赤羽橙子　芦川翔　桂 正宗　野尻歌乃
- 編集制作／リボングラス（若尾さや子　加藤めぐみ　篠崎頼子）
- 校閲／草樹社

- 次の商品は学研で取り扱っています。おうかがいしている小社特約代理店、
  または（株）学研教育みらい 幼児教育事業部（TEL.03-6431-1165）にお問い合わせください。

新色画用紙・大（94-71960-011〜94-71960-035）
ニューカラー・大（60-73827-010〜60-73827-077）
いろがみ・15cm角（94-71791-011〜94-71815-011）
きらきらいろがみ・20cm角（94-73896-009）
友禅千代紙（60-71772-003）
カラー工作紙（60-71770-100〜60-71770-115）
ダンボールセット（94-22924-024）
学研不織布（60-72032-009〜60-72043-009）
カラーポリロール（60-71312-011〜60-71312-023）
カラー布リボン・太（60-22939-011〜60-22939-022）
カラー布リボン（60-22937-011〜60-22937-022）

紙テープ（60-70839-010〜60-70839-021）
カラーガムテープ（94-22924-054〜94-22924-057）
カラーモール（94-70850-014／94-70851-004〜94-70859-004）
笛（94-22924-017）
鈴（94-22924-020）
フラワー紙（60-70838-010〜60-70838-021）
すずらんテープ（60-71629-011〜60-71629-022）
ブックカバーE（60-78264-013〜60-78264-015）
6色カラー丸シール・直径13mm（60-22458-015）
9色カラー丸シール・直径9mm（60-22458-016）
スーパーかるかみねんど・約270g（60-71200-025）